THÈSE
POUR LE DOCTORAT

PRÉSENTÉE

PAR

CAMILLE MARTINET

PARIS

IMPRIMÉ PAR E. THUNOT ET Cⁱᵉ,
26, RUE RACINE, 26.

—

1863

FACULTÉ DE DROIT DE PARIS.

THÈSE
POUR LE DOCTORAT.

L'acte public sur les matières ci-après sera soutenu
le mercredi 1er juillet 1863, à deux heures,

PAR

CAMILLE MARTINET

Avocat à la Cour impériale,

EN PRÉSENCE DE M. L'INSPECTEUR GÉNÉRAL GIRAUD.

PRÉSIDENT : M. VALETTE, Professeur.

SUFFRAGANTS :
MM. ORTOLAN,
COLMET-DAAGE,
DEMANGEAT,
Professeurs.
BEUDANT,
Agrégé.

*Le Candidat répondra, en outre, aux questions qui lui seront faites
sur les autres matières de l'enseignement.*

PARIS,

IMPRIMÉ PAR E. THUNOT ET Cie.

RUE RACINE, 26

—

1863

A MON PÈRE, A MA MÈRE.

DROIT ROMAIN.

DE FURTIS.

Dig., lib. 47, tit. 2.

NOTIONS PRÉLIMINAIRES.

L'étymologie du mot *furtum* était pour les jurisconsulte aussi bien que pour les grammairiens un sujet de discussion, et déjà sur ce terrain nous trouvons en présence les deux sectes adverses : les Proculiens et les Sabiniens. Ainsi, tandis que le proculien Labéon faisait dériver le mot *furtum* de *furvo*, c'est-à-dire *nigro*, parce que c'est habituellement à la faveur des ombres de la nuit que le voleur commet ses actes, Sabinus voit son origine dans le mot *fraus*, le *furtum* étant un acte essentiellement frauduleux.

A côté de ces deux opinions, le jurisconsulte Paul (1) en présente une troisième à laquelle nous croyons devoir nous rallier; l'origine de ce mot se trouve dans la langue grecque, et il suffira pour s'en convaincre de rapprocher les mots : φώρ, *fur;* φῶρα;, *fures;* φέρειν, *ferre.* C'est aussi ce que nous lisons dans Aulu-Gelle (2) : « Nam quod a Græcis nunc λεπτη; dicitur, antiquiore Græca lingua φώρ dictum est. Hinc per adfinitatem litterarum, qui φώρ græce, est latine *fur.* »

Il n'est pas inutile de faire remarquer que le mot *furtum* se prend dans deux acceptions différentes et également usitées. Tantôt il désigne le délit même, c'est là son sens propre; tantôt détourné de cette signification, il désigne l'objet du délit, la *res furtiva.* Nous le trouvons employé dans ce dernier sens dans les cas suivants : *furtum conceptum, oblatum,* etc., et encore dans ce vers d'Ovide :

Mugitum rauco furta dedere sono.

(Ovid., *Fast.*, lib. 1, v. 560.)

Le vol, chez les Romains, est considéré comme une action basse et déshonorante : il est qualifié par les auteurs *servile probrum, servile vitium* (3). C'était le vice

(1) L. 1, p., Dig., h. t.
(2) Aul. Gell., *Noct. attic.*, lib. 1, c. 18.
(3) Tac., *Hist.*, 1, 18.

des esclaves, et le mot *fur* était devenu synonyme de *servus*.

Quid domini faciant, audent cum talia fures.
(Virg., *Eclog.* III, v. 16.)

CHAPITRE I.

NOTIONS HISTORIQUES.

Aulu-Gelle (1) nous rapporte que Dracon, le premier législateur des Athéniens, punissait de la peine de mort tout voleur, de quelque manière que le vol ait été commis.

Après que ces lois, à cause de leur trop grande sévérité, eurent été abolies par le consentement tacite du peuple, Solon, un des sept sages, en porta de plus douces. Les lois nouvelles ne punissaient le voleur que de la peine du double de la valeur de l'objet volé.

Les décemvirs, lorsqu'ils rédigèrent les lois des Douze Tables, n'imitèrent pas entièrement la sévérité de Dracon, sans cependant user d'une trop grande indulgence.

Le jurisconsulte Ariston rapporte que, chez les anciens Égyptiens, les vols étaient permis et impunis. Il en était de même chez les Lacédémoniens. « Non ad turpia lucra, neque ad sumptum libidini præben-

(1) *Nuits attiques*, lib. 11, cap. 18.

dum, comparandamve opulentiam, sed pro exercitio disciplinaque rei bellicæ factitatum, quod et furandi sollercia et adsueto acueret, firmaretque animos adolescentium, et ad insidiarum astus et ad vigilandi tolerantiam, et ad obrependi celeritatem (1). »

La loi des Douze Tables, monument primitif de la législation romaine, incriminait diversement le délit de vol.

La division qui domine toute la matière est celle du *furtum manifestum* et *non manifestum*.

Le *furtum* pouvait être en outre *nocturnum* ou *diurnum*, *armatum* ou *non armatum*.

FURTUM MANIFESTUM.

Le voleur manifeste, nous dit Gaïus (2), est celui qui est surpris en flagrant délit. Sans doute dans le droit primitif, celui-là seul était voleur manifeste, mais plus tard on étendit cette dénomination. Il ne fut plus nécessairement exigé que le voleur ait été saisi *in ipso actu furandi*, pourvu que ce fût avant qu'il ait quitté le lieu où il a commis le vol. Des jurisconsultes décidèrent même qu'il suffisait que le voleur fût arrêté nanti de la chose volée avant de l'avoir déposée au lieu où il avait résolu de la recéler. Cette extension était généralement admise, et elle a été consacrée par Justinien. Gaïus refusait d'aller jusque-là (3).

(1) Aul.-Gell., loc. cit.
(2) Com. 3, § 184.
(3) G., Com. 3, n° 184 ; Inst., § 3, De oblig. quæ ex delict., L. 3, § 2 et L. 1. h. t.

Enfin, dans une quatrième opinion, on déclarait le vol manifeste si seulement le voleur avait été vu en possession de la chose volée; mais cette extension n'avait pas été admise, et il était généralement reçu que du moment où le voleur avait porté la chose soustraite là où il voulait la déposer, il ne pouvait plus être dit voleur manifeste quand même il aurait été vu *rem tenens.*

Même à l'origine, il n'était pas absolument nécessaire pour que le vol soit manifeste que le voleur ait été arrêté *in ipso actu furandi,* il suffisait que le maître l'ait vu, et qu'il ait tenté de s'opposer au vol, qu'il ait crié, appelé du secours. Ainsi, dans les vers suivants, Virgile nous donne l'exemple d'un *furtum manifestum* :

> Non ego te vidi Damonis, pessime, caprum
> Excipere insidiis, multum latrante Lycisca,
> Et cum clamarem : Quo nunc se proripit ille ?
> Tityre, coge pecus, tu post carecta latebas.
> (*Eclog.,* III, v. 17.)

Quand bien même, pour assurer sa fuite, le voleur aurait abandonné l'objet qu'il vient de dérober et qu'il aurait été ensuite arrêté, il n'en serait pas moins voleur manifeste.

Mais si le maître de l'objet volé, dominé par la peur, par le respect ou par la déférence qu'il doit à son patron ou à son père, garde le silence, et laisse le voleur accomplir son œuvre, le vol n'est pas manifeste, et quelques jurisconsultes refusaient même absolument l'action *furti* (1).

____

(1) L. 7, §§ 1 et 2; L. 91, Dig., h. t.

Il importe peu que le voleur ait été arrêté par le maître de l'objet volé, ou par un tiers, que cette arrestation ait été faite dans un lieu public ou privé, et nous ne pouvons admettre sur ce point l'opinion de Cujas, qui pensait que l'arrestation devait avoir été opérée par le maître lui-même, ou tout au moins par un tiers ayant l'intention de gérer ses affaires. Les textes ne font aucune distinction (1).

Les décemvirs avaient établi contre le vol manifeste trois degrés de peines, suivant l'âge et la condition des coupables. Ces peines étaient d'une sévérité excessive.

Si le voleur était libre et pubère, il était frappé de verges, et donné en addiction à celui qu'il avait volé. Cette peine était capitale, c'est-à-dire qu'elle emportait une *capitis deminutio.*

L'impubère était frappé de verges *ad arbitrium prætoris*, et condamné à la réparation du dommage.

L'esclave, après avoir été frappé de verges, était précipité du haut de la roche Tarpéienne.

Si le vol était commis pendant la nuit, *furtum nocturnum*, cette circonstance était la source de droits exorbitants accordés contre le voleur à celui qui le surprenait ; d'une manière absolue, il était permis de le tuer, même quand il n'aurait pas été armé, et qu'il n'aurait opposé aucune résistance. C'est ce que nous lisons notamment dans Cicéron (2) :

« Quod si XII Tabulæ nocturnum furem quoquomodo,

(1) L. 5 et L. 7, § 3, Dig., h. t.
(2) Orat. pro Milone, § 8.

diurnum autem, si se telo defenderit, interfici impune voluerunt, quis est qui quoquo modo quis interfectus sit puniendum putet, quum videat aliquando gladium nobis ad occidendum hominem, ab ipsis porrigi legibus. »

Ce droit toutefois avait reçu sous un rapport une certaine limitation. La loi des Douze Tables, nous dit Gaïus (1), ne permet de tuer le voleur de nuit qu'autant que celui qui le saisit « id ipsum cum clamore testificetur »

La circonstance que le vol était commis de jour, *furtum diurnum*, même avec des armes, *armatum*, ne donnait pas, comme dans l'espèce précédente, le droit de vie ou de mort sur la personne du voleur, si du reste il ne faisait pas usage de ses armes; mais dans ce dernier cas, celui qui tentait de l'arrêter pouvait impunément le mettre à mort sous la conditon, comme dans le cas précédent, d'une *testificatio* préalable. « Interdiu autem deprehensum ita permittit occidere, si is se telo defendat, ut tamen æque cum clamore testificetur (2). » Nous lisons aussi dans Cicéron (3) :

« Furem hoc est prædonem et latronem licet occidi ve- tent XII Tabulæ cum intra parietes tuos hostem certissimum teneas, nisi se telo defenderit, etiam si cum telo venerit, nisi utetur telo ac repugnabit, non occides. Quod si repugnaverit, endoplorato, hoc est conclamato ut aliqui audiant et conveniant. Quid ad hanc clemen-

(1) L. 4, § 1, Dig., Ad leg. Aquil.
(2) L. 4, § 1, Dig., Ad leg. Aquil.
(3) Orat pro Tullio.

liam addi potest, qui ne hoc quidem permiserunt, ut domi suæ caput suum, sine testibus defendere liceret. »

Ce qu'il faut entendre *appellatione teli*, c'est tout moyen de nuire, même les bâtons et les pierres ; le mot est ainsi pris dans son acception la plus étendue (1).

FURTUM NON MANIFESTUM.

Le vol non manifeste existe lorsque le voleur n'a pas été pris en flagrant délit.

La peine déterminée par la loi des Douze Tables est purement pécuniaire ; elle consiste dans le double de la valeur de l'objet dérobé.

Cette division si nettement tranchée entre le vol manifeste et le vol non manifeste, et surtout l'énorme disproportion existant entre les peines infligées à des actes dont la criminalité est la même ; d'une part, les verges, la servitude et la mort ; de l'autre, une simple amende, ont attiré sur ces dispositions de la loi des décemvirs l'attention et la critique des auteurs : Labéon les qualifie de *judicia acria et severa* (2).

« Il paraît bizarre, dit Montesquieu, que ces lois missent une telle différence dans la qualité de ces deux crimes et dans les peines qu'elles infligeaient. En effet, que le voleur fût surpris avant ou après d'avoir porté le vol dans le lieu de sa destination, c'était une circonstance qui ne changeait point la nature du crime (3). » « La différence énorme entre la

---

(1) L. 51, § 2, h. t.; L. 233, § 2, De verb. sign.
(2) Aul.-Gell., Noct. att., 6, 15.
(3) Esprit des lois, liv. 29, ch. 13.

peine du vol manifeste et celle du vol non manifeste,
dit Filangieri, cette différence entre deux délits ac-
compagnés des mêmes circonstances, montre assez
l'absurdité de cette loi (1). »

Peut-être toutefois n'est-il pas impossible de
donner une raison de cette distinction.

Cujas pensait que, dans le cas de vol manifeste, la
loi avait voulu donner au maître diligent et soigneux,
attentif à la garde de sa chose, une protection plus
grande qu'à celui qui s'était montré si négligent que
le vol avait été commis à son insu. Cette raison est
mauvaise, car c'est le hasard plutôt que la plus ou
moins grande vigilance du maître qui fait que le voleur peut être saisi *in ipso actu.*

Heineccius pense que le but principal de cette ag-
gravation était de punir la maladresse du voleur qui
s'était laissé surprendre (2).

Montesquieu (3) poursuit et complète cette pensée :
« Je ne saurais douter, dit-il, que toute la théorie des
lois romaines sur le vol ne fût tirée des institutions
lacédémoniennes. Lycurgue, dans la vue de donner à
ses concitoyens de l'adresse, de la ruse et de l'acti-
vité, voulut qu'on exerçât les enfants au larcin, et
qu'on fouettât rudement ceux qui s'y laisseraient surprendre. Cela établit chez les Grecs, et ensuite chez
les Romains, une grande différence entre le vol manifeste et le vol non manifeste. »

(1) *Science de la législat.*, t. 5.
(2) *Ant. rom.*, t. 4, et 1, § 12.
(3) *Esprit des lois*, liv. 29, ch. 13.

A ces raisons un peu hypothétiques, nous préférons celle que nous donne Heppius (1). « Chez les nations encore barbares, dit le jurisconsulte allemand, les crimes sont des injures privées, et les peines, à cause du désir inné dans l'homme de venger les injures qu'il a reçues et de rendre le mal pour le mal, sont considérées comme des vengeances particulières. Or il est évident que le lésé usera de ce droit de vengeance avec plus d'atrocité, s'il prend celui qui lui porte dommage en flagrant délit, plutôt que s'il ne l'atteint qu'après un certain temps, alors que sa colère aura déjà été calmée. Aussi le législateur, en remplaçant par des peines la vengeance privée, ne pouvait faire autrement que de punir d'une peine plus forte ce qui entraînait une vengeance plus terrible. »

C'est là en effet l'histoire de toutes les sociétés. A l'origine, l'élément privé existe seul, l'élément public naît ensuite avec le commencement de la civilisation, grandit avec elle et finit par absorber le premier.

Ainsi, sans sortir de notre sujet, nous voyons la part considérable que la loi des Douze Tables, monument primitif et encore imparfait de la législation romaine, fait à l'élément privé, représentant le droit de vengeance, au détriment de l'élément public. Le premier, c'est l'*addictio* du voleur; le deuxième, seulement la *verberatio*. Nous les voyons ensuite plus rapprochés : l'intérêt privé est réduit à une amende pécuniaire, l'infamie de la peine donne satisfaction à

____

(1) Versuche über einzelne Lehren der Strafrechtswissenschaft.

l'intérêt public. Plus tard, enfin, il semble injuste qu'un particulier s'enrichisse par suite du délit d'autrui, l'intérêt public paraît, dans certains cas, être supérieur à l'intérêt privé. Certains délits contre les propriétés, autrefois confondus par la loi des Douze Tables avec le *furtum*, en sont séparés, comme contenant une perversité plus grande et intéressant à un plus haut degré l'intérêt public. Pour eux on organise une pénalité nouvelle, *crimen extrardinarium*, toute dans l'intérêt de l'État. Ces délits, qualifiés vols atroces, *furta atrociora*, ne rentrent pas dans notre sujet ; ils sont compris sous les noms suivants : *de effractoribus et expilatoribus, de grassatoribus, de abigeis, de furibus balneariis, de saccullariis et directoriis.*

Enfin le vol simple, ainsi réduit à sa plus simple acception, peut aussi être puni au moyen de la procédure extraordinaire ; mais les deux éléments marchent ici concurremment, sans se détruire, et le lésé a toujours le droit, ou d'exercer l'action privée *furti* qui lui profite pécuniairement, ou le *crimen extraordinarium* introduit dans l'intérêt de la société atteinte par l'immoralité du délit. Toutefois, l'action criminelle tendit continuellement à se développer au détriment de l'action civile, et Ulpien nous dit que de son temps, pour la répression du vol, on agit presque toujours *criminaliter* : « Meminisse oportebit nunc furti plerumque criminaliter agi, et eum qui agit in crimen subscribere, non ideo tamen minus, si qui velit, poterit civiliter agere (1). »

D'après diverses circonstances qui suivaient sa perpétration, le *furtum* prenait les qualifications de *conceptum, oblatum, prohibitum, non exhibitum.*

Il fut des jurisconsultes, Servius Sulpicius et Masurius Sabinus, qui classaient le *furtum conceptum* et *oblatum* sur le même rang que le *furtum manifestum et non manifestum.* Ils comptaient ainsi quatre espèces de vol. Mais Labéon, dont l'opinion est rapportée par Gaïus (1), fait observer avec raison qu'il n'y a pas là des espèces différentes de vol, mais bien des actions spéciales attachées au délit. En effet, le vol est consommé, et il ne s'agit plus que de la recherche et de la découverte des objets volés. Justinien nous dit plus explicitement encore : Il y a *furtum conceptum* lorsque la perquisition faite en présence de témoins a amené la découverte de la chose ; on a établi contre celui chez qui elle a été trouvée, bien qu'il ne soit pas le voleur, une action spéciale dite *concepti* (2).

Il en était de même du *furtum prohibitum et non exhibitum.*

Furtum conceptum.

Lorsqu'en présence de témoins on procède à la perquisition de la chose volée, celui chez qui elle a été trouvée est tenu de l'action *concepti*, qu'il soit ou non le voleur (3). Cette perquisition se faisait de deux manières, de là deux sortes de *furtum conceptum.*

(1) Com. 3, § 183.
(2) Inst., §§ 3 et 4, De oblig. quæ ex delict.
(3) G , Com. 3. § 186 ; Inst., § 4, h. t.

L'une, entourée de formalités singulières, était dite *conceptio per lancem et licium*, la peine était celle du vol manifeste, l'autre était la *conceptio* simple, *præsentibus testibus*, la peine était du triple de la valeur de l'objet trouvé.

Gaïus (1) nous décrit ainsi les formalités qui constituaient la *conceptio per lancem et licium* : « Celui qui fait la perquisition doit être nu, le corps entouré d'une ceinture ; il tient dans ses mains un plat. »

Le scoliaste grec d'Aristophane nous donne des détails plus explicites sur cette formalité. « Il était d'usage, dit-il, que celui qui entrait dans la maison d'un citoyen pour y rechercher une chose volée fût nu, de peur que par un motif d'inimitié, ayant apporté secrètement et caché sous ses vêtements l'objet qu'il prétend volé, il puisse faussement accuser le maître de la maison d'un crime qu'il n'a pas commis.

Platon (2) nous dit aussi : « Celui qui veut procéder à la perquisition d'une chose volée doit se présenter nu, entouré seulement d'une ceinture, et prendre à témoin les dieux gardiens de la justice, qu'il agit avec la conviction de découvrir la chose volée. Le maître devra alors lui ouvrir sa maison entière, même les lieux les plus secrets, et lui donner tout pouvoir pour procéder à la perquisition. »

Gaïus (3) critique avec raison ces formalités ridicules. « On s'est demandé, dit-il, ce qu'était ce *lin-*

(1) Com. 3, § 192.
(2) De legibus.
(3) Com. 3, § 193.

teum ou *licium;* sans doute, c'est une ceinture, *quo necessariæ partes tegerentur.* La loi est en tout point ridicule, car d'abord, celui qui se serait opposé à la perquisition faite par un homme vêtu, ne s'y opposera pas moins si ce dernier se présente nu, d'autant plus même que si la chose ainsi cherchée est trouvée, il sera soumis à une peine plus forte. En second lieu, elle exige que l'homme porte à sa main un plat, c'est ou afin que ses mains étant ainsi occupées, il ne puisse pas produire l'objet prétendu volé, ou afin qu'il mette cet objet sur ce plat lorsqu'il l'aura découvert. Mais dans les deux cas cette précaution est inutile, si la chose cherchée est telle qu'on ne puisse ni la faire supposer trouvée au cours de la perquisition, ni la placer sur le plat si elle a été véritablement trouvée. »

Festus donne un autre motif de l'usage de ce plat. Celui qui veut procéder dans la maison d'autrui à la perquisition d'une chose volée, nous dit-il, était entouré d'une ceinture : « Lancemque ante oculos tenebat, propter matrem familiæ, et virginum præsentiam. »

Ce mode de perquisition tomba en désuétude, la loi *Æbutia* l'abolit, comme elle fit des actions de la loi, cependant il laissa des traces profondes dans les mœurs, il se transforma et s'adoucit plutôt qu'il ne disparut.

Lorsque la chose volée était ainsi découverte par ce mode solennel de perquisition, le recéleur était puni des mêmes peines que le voleur pris en flagrant délit.

Ces formalités n'étaient nécessaires que pour vaincre la résistance que le recéleur aurait voulu opposer à une perquisition pure et simple en présence de témoins, car la loi des Douze Tables n'avait établi aucune peine pour vaincre la résistance que le maître de la maison aurait mise à ce qu'on entrât chez lui. Si la perquition se faisait purement et simplement du consentement du propriétaire, *præsentibus testibus*, et qu'elle aboutit à la découverte de l'objet volé, le *furtum* était simplement *conceptum*, et la peine était fixée par la loi des Douze Tables au triple de la valeur de l'objet (1).

Furtum oblatum.

Si le voleur ou le recéleur, craignant le résultat d'une perquisition qui pourrait être faite chez lui, pour se décharger de la peine du *furti concepti*, remettait la chose volée entre les mains d'un tiers chez lequel la perquisition en amenait la découverte, ce dernier avait contre celui qui lui avait remis la chose une action spéciale dite *oblati*. La peine établie par la loi des Douze Tables était pécuniaire, elle s'élevait au triple de la valeur de l'objet (2).

Cette action, comme la précédente, ne se donnait que contre celui qui agissait dans une intention frauduleuse. Cujas, à la vérité, est d'une opinion contraire, il pense que *etiam ignorantem furti concepti obligari.*

(1) G., Com. 3, §§ 191, 132 et 193 .
(2) G., Com. 3, § 191.

Cette décision ne saurait être adoptée. Personne en effet ne peut être tenu de l'action *furti* ou de ses modes *sine affectu, et animo, et scientia rei furtivæ*, ni de l'action *oblati* si la chose n'a pas été donnée à un tiers dans l'intention de la faire découvrir chez lui, ni de l'action *concepti* si l'on ignore qu'on recèle une chose volée (1). Cujas prend pour base de sa décision la loi, 8 au Code, *Ex quibus causis infamia irrogatur*, lib. 2, tit. 12, rescrit de Sévère et Antonin, adressé à Ulpia. Cette loi nous semble en tout point contraire à la décision qu'il fonde sur elle. « Si vous avez été condamnée pour vol, disent les empereurs, outre les coups qui vous ont été infligés, le jugement entraîne contre vous l'infamie ; si c'est une chose volée par un tiers qui a été trouvée chez vous, et que vous ignoriez sa provenance, cette sentence inique, *durior*, ne porte pas atteinte à votre *existimatio*. » Ce texte nous paraît être la meilleure réfutation du système que Cujas avait fondé sur lui.

Furtum prohibitum.

La loi des Douze Tables n'avait édicté aucune pénalité contre le citoyen qui s'opposerait à ce que la perquisition de l'objet volé fût faite dans sa maison, *præsentibus testibus ;* elle avait seulement prescrit alors la perquisition solennelle *lance licioque*. Le préteur établit pour ce cas une action appelée *furti prohibiti :*

(1) Janus à Costa, § 4, *De oblig. quæ ex delict.*

La peine était pécuniaire, elle s'élevait au quadruplo de la valeur de l'objet volé (1).

Furtum non exhibitum.

Cette action, que nous ne trouvons pas mentionnée ailleurs que dans les Instituts de Justinien (2), fut établie par le préteur contre ceux qui n'ont pas exhibé à première réquisition la chose soustraite, dont ils se trouvaient détenteurs. Nous ne trouvons même pas indiqué aux Instituts le *quantum* de la peine prononcée dans ce cas ; on peut présumer que c'était le double de la valeur de la chose.

Toutes ces différentes actions tombèrent en désuétude ; c'est, nous disent les Instituts, une conséquence de ce que la perquisition de la chose volée ne se fait plus selon le mode ancien ; car il est certain que tous ceux qui sciemment ont reçu et caché une chose volée sont tenus de l'action *furti non manifesti* (3).

(1) G., Com. 3, § 192.
(2) § 4, *De oblig. quæ ex delict.*
(3) *Inst.*, § 4, lib. 4, t. 1.

CHAPITRE II.

ÉLÉMENTS CONSTITUTIFS DU *furtum*.

Nous trouvons dans la loi 1, § 3, de notre titre, au Digeste, la définition du *furtum*. « Furtum est contrectatio rei fraudulosa, lucri faciendi gratia, vel ipsius rei, vel etiam usus ejus, possessionisve, quod lege naturali prohibitum est admittere. »

Cette définition a été l'objet de nombreuses critiques.

Le premier élément du *furtum* est la *contrectatio*, élément indispensable, tellement que sans elle il n'existerait pas. Cependant on a voulu voir une doctrine contraire exprimée dans la loi 6, Dig., *h. t.* « Quamvis enim sæpe furtum contrectando fiat, tamen initio, id est faciendi furti tempore, constituere visum est, manifestus necne fur esset. » Si le vol, a-t-on dit, a lieu souvent, *sæpe*, au moyen d'une *contrectatio*, c'est qu'il est des cas où il peut exister sans elle, et la définition qui en a été donnée n'est pas exacte.

Pour concilier ces deux textes en apparence contraires, Pierre Pithou (1) propose de restituer le texte de la loi 6, en substituant *semper* à *sæpe*. Marcilius (2) pense avec raison que cette correction est inutile, mais il tombe lui-même dans l'erreur en voulant tenter

(1) *Ad Collation. leg. mos. et rom.*, tit. 7, § 5, not. 21.
(2) *Inst.*, § 1, not.

cette conciliation. Selon lui, le jurisconsulte aurait eu en vue, dans la loi 6, le vol dont se rend coupable le complice par assistance, *ope*, *consilio*. Le vol a lieu dans ce cas *sine contrectatione* de la part du complice (loi 6), et toutefois il ne saurait exister sans la *contrectatio* commise par l'auteur principal (loi 1, § 3).

Cette explication, tout ingénieuse qu'elle puisse être, ne nous paraît pas satisfaisante ; il n'est pas exact, dans le cas où on se place, de dire que le vol peut avoir lieu *sine contrectatione*, puisque si le fait de la *contrectatio* du chef de l'auteur principal n'existait pas, les complices ne seraient pas tenus. Peu importe en définitive de qui la *contrectatio* émane, mais il faut qu'elle existe.

La véritable explication de la loi 6 se tire de la nature particulière du vol. Il ne ressemble pas aux autres délits ; car par la *contrectatio assidua* de la chose volée, il semble qu'à chaque instant le voleur renouvelle son vol. C'est un délit continu, successif, et c'est cette idée qui se trouve exprimée dans la loi 6. « Bien que par la *contrectatio*, le délit de vol se renouvelle, nous dit ce texte, cependant, etc... » Quant à la question de savoir si le *furtum* peut exister sans *contrectatio*, il y est entièrement étranger, et il examine à quel instant il faut se placer pour décider si le vol est manifeste ou non manifeste. Remarquons enfin que, comme la loi 1, la loi 6 est tirée du jurisconsulte Paul et qu'on ne peut pas supposer qu'il se soit ainsi contredit lui-même (1).

<hr>

(1) *Fabr. Conj.*, lib. 16, 6, n° 15.

On oppose à cette décision la loi 27, § 3, de notre titre, Dig., sous laquelle il est dit que celui qui, sans soustraire des tablettes, les détruit, n'est pas seulement tenu de l'action *furti*, mais aussi de l'action *legis Aquiliæ*; or, dit-on, il n'y a pas eu *contrectatio*, puisqu'il n'y a pas eu soustraction, et c'est bien là un cas où le *furtum* peut exister *sine contrectatione*.

Ce raisonnement n'est pas exact, puisqu'il est évident au contraire que celui qui prend des tablettes, non pour les soustraire, mais pour les détruire, en opère la *contrectatio*, le maniement, car l'idée de destruction est plus forte que celle de soustraction, elle la contient en elle, et l'on peut dire que celui qui détruit détourne par là même la chose qu'il veut ainsi faire disparaître,

Il est ainsi tenu de l'action *furti*, parce qu'il a soustrait ce qu'il détruit, et il est tenu en même temps de l'action de la loi Aquilia.

Il pourrait arriver que celui qui détruit ainsi des tablettes ne soit pas tenu de l'action *furti*, mais seulement de l'action *legis Aquiliæ*, car pour que le vol existe, il ne suffit pas du fait matériel, la *contrectatio*, il faut de plus encore l'*animus furandi*, et il est possible que cette destruction ait été opérée *non animo furti faciendi, sed tantum damni dandi* (1).

La nécessité de la *contrectatio* étant ainsi établie, or a nié qu'elle dût être faite dans une intention frauduleuse, et à l'appui de cette opinion, on a invoqué la loi 77, *h. t.* « Celui qui dérobe l'argent contenu dans

____

(1) L. 41, § 1, Dig., *Ad Leg. Aquil.*; L. 9, tit. 2.

un sac se rend en même temps voleur et de l'argent et du sac, bien que quant à ce dernier il n'ait pas eu l'intention de se l'approprier, *quamvis non sit ei animus sacci subripiendi.* » Mais cette loi n'a pas pour but de déterminer les circonstances constitutives du *furtum*, elle ne fait qu'une juste application du principe *accessorium sequitur naturam rei principalis*, et il n'est pas permis de conjecturer, en s'appuyant sur son texte, que l'*intentio fraudulosa* ne soit aussi nécessaire à l'existence du *furtum* que la *contrectatio* elle-même.

Cujas pense que les mots *lucri faciendi gratia* sont inutiles comme étant déjà compris dans le mot *fraudulosa*, et qu'ils devraient être retranchés.

Ces mots ne figurent pas en effet dans la définition que les Instituts de Justinien nous ont donnée (1), ni dans celle qui nous a été laissée par Paul dans ses Sentences (2). Cependant nous pensons qu'ils ne sont pas sans utilité, et qu'ils doivent être maintenus, car il n'est pas exact de dire qu'ils sont toujours compris dans le mot *fraudulosa*. Il peut arriver, en effet, qu'il y ait *contrectatio fraudulosa* sans que le *furtum* existe, si du reste elle n'a pas été commise *furti faciendi gratia*; c'est ainsi que dans le cas prévu dans la loi 39, *h. t.*, Dig., il n'y a pas vol, bien qu'il y ait eu *contrectatio fraudulosa*, car ce qu'on doit considérer pour déterminer la nature du délit, c'est moins le fait en lui-même que le motif déterminant, *causa faciendi*, et ce motif dans notre espèce, *libido est, non furtum.*

<hr>

(1) § 1, *De oblig. quæ ex delict.*
(2) Lib. 2, tit. 31, 1.

Il en est de même dans le cas prévu par la loi 41, § 1,
Dig., *Ad leg. Aquil.* Celui qui brise des tablettes ne
commet pas un vol s'il agit, non dans l'intention de
commettre ce délit, mais pour causer du dommage à
autrui, et il ne sera tenu que de l'action *legis Aquiliæ.*

A l'inverse, la *contrectatio* peut avoir lieu *lucri faciendi gratia*, mais sans aucune idée de fraude, ainsi
que nous le voyons par le cas prévu dans la loi 46,
§ 7, *h. t.*, Dig.; celui qui enlève une chose qu'il
croit à tort que le maître lui a permis de prendre ne
commet pas un vol, car l'intention frauduleuse n'existe
pas.

Il faut donc reconnaître que l'idée de fraude et celle
de gain sont indépendantes l'une de l'autre, puisque,
suivant les cas, elles peuvent exister séparément,
comme aussi il est possible qu'elles se trouvent réunies; nous devons en conclure que ce sont deux éléments distincts, éléments essentiels à l'existence du
furtum, et, à ce titre, il était nécessaire de donner
à chacun d'eux une place dans la définition de ce
délit.

Si à l'insu du voleur, le propriétaire avait donné
son consentement à l'enlèvement de la chose qui lui a
été dérobée, il n'y a pas eu *furtum* (1); il semble donc
que la définition aurait dû contenir les mots *invito
domino;* mais on peut dire que ces mots se trouvent
contenus dans l'expression *fradulosa*, car *volenti non
fit fraus nec injuria.*

(1) Inst. 38, De oblig. quæ ex delict.

Le jurisconsulte Paul nous dit dans ses Sentences (1) : « Fur est, qui dolo malo *rem alienam* con-
trectat. » La définition qu'il nous a laissée au Digeste
a passé sous silence cette dernière condition sans laquelle le *furtum* ne saurait exister, car c'est une règle
de droit que « suæ rei furtum nemo facere potest. »
A la vérité on a attaqué l'exactitude de cette proposition en s'appuyant sur le § 10 des Instituts, *De obligat.
quæ ex delict.* « Aliquando suæ rei furtum quisque
committit, veluti si debitor rem, quam creditori pignoris causa dedit, subtraxerit. » Mais cette décision
qui, si elle était exacte, contredirait en effet directement notre principe, ne repose que sur une confusion.
L'objet du vol, dans le cas présent, c'est non pas la
chose elle-même, mais le droit de gage que le créancier possède sur elle, il n'y a pas là *furtum rei ipsius*,
mais *furtum possessionis*, car le créancier gagiste n'a
aucunement la propriété de la chose qui lui a été soustraite : « Quamvis in bonis ejus res non sit (2) : »

Bien plus, le seul fait du maître qui vend la chose
qu'il avait hypothéquée constitue un *furtum* analo-
gue à celui qui est prévu au § 10 des Instituts ; or,
on ne peut dire que le maître commet, dans ce cas,
furtum rei suæ, puisque la possession même est restée
près de lui.

On objecte à la vérité qu'il y a là un cas étrange
de vol, puisqu'il n'y aurait enlèvement, ni de la chose
elle-même, laquelle appartient au voleur, ni de la

____

(1) Lib. 2, tit. 31, 1.
(2) L. 19, § 2, h. t.

possession qui est restée chez le propriétaire. La possession n'était pas, il est vrai, chez le créancier, mais
il avait sur la chose un droit, et cela seul suffit pour
qu'il y ait *furtum possessionis* (1).

On cherche encore à justifier le § 10 des Instituts au
moyen de la loi 1, Cod., *De servis fugitivis*, où il est dit :
« Servum fugitivum furtum sui facere. » On en con-
clut qu'on peut ainsi trouver des cas dans lesquels il
y aura *furtum suæ rei*. Cette manière de raisonner n'est
pas sérieuse, et elle repose sur une équivoque ; quand
l'esclave prend la fuite, c'est au préjudice de son maître qu'il commet un *furtum*, bien loin que ce soit le
maître qui se rende lui-même coupable du vol de sa
propre chose, il n'y a donc pas analogie entre les
deux cas prévus. Au surplus les expressions employées
dans la loi 1, Cod., peuvent trouver leur explication
dans la situation particulière qui était faite à l'esclave
fugitif, et qui était un résultat du double point de vue
sous lequel, dans le droit romain, il pouvait être envisagé. L'esclave, en effet, classé parmi les choses,
et susceptible d'être l'objet d'une propriété privée,
n'en était pas moins un être intelligent, *doli capax*,
et pouvant s'obliger par ses délits; lorsqu'il prenait la
fuite, il commettait ainsi au préjudice de son maître
le détournement d'une chose qui figurait dans le pa-
trimoine de ce dernier; cette chose, c'était sa propre
personne, et c'est ainsi qu'on peut dire qu'il commet
furtum sui.

Comme conséquence de ce principe, nous voyons

____

(1) L. 19, § 6, h. t.

la loi 15, § 2, *h. t.*, et Paul (1) dénier l'action *furti*
contre le commodant qui a soustrait la chose au commodataire : « Rei autem nostræ furtum facere non pos-
sumus, » à moins toutefois que le commodataire n'ait
fait des dépenses pour la chose qui lui a été enlevée,
car alors, il aurait à la conserver le même intérêt que
le créancier gagiste, « quia eo casu quasi pignoris loco
ea res fuit. »

Deux éléments concourent à l'existence du *furtum* :
l'élément matériel, *contrectatio*, et l'élément intentionnel, *consilium affectus furandi*.

Elément matériel.

La première condition pour que le *furtum* prenne
naissance, c'est qu'il y ait eu maniement, *contrectatio*,
de l'objet du délit. L'analyse des cas si fréquents dans
lesquels, selon le droit romain, il y avait *furtum*, nous
conduit toujours à la découverte de cet élément, et les
jurisconsultes sont unanimement d'accord pour refuser
la qualification de vol aux faits dans lesquels il ne se
rencontrerait pas.

Le principe est formulé dans les termes les plus explicites.

Ulpien s'exprimant d'une façon générale, nous
dit (2) : « Cogitationis pœnam nemo patitur. »

Paul dit (3) : « Furtum sine contrectatione fieri non
potest, nec animo furtum admittatur. » Le même ju-

(1) *Sentences*, lib. 2, tit. 31, 21
(2) L. 18, *De furtis*, Dig.
(3) L. 3 § 18, *De acquirendis vel amittenda possessione*, Dig.

risconsulte dit encore (1) : « Sola cogitatio furti faciendi non facit furem. »

Ulpien (2) : « Neque verbo, neque scriptura quis
furtum facit, hoc enim jure utimur, ut furtum sine
contrectatione non fiat. »

Nous trouvons encore dans les différents textes de
notre titre de nombreux cas d'application (3) : « Celui
qui, dans l'intention de voler, a pénétré dans un
appartement, et qui en est sorti sans rien emporter,
n'est pas tenu de l'action *furti*, car *nondum fur est*.

« Celui qui a connaissance du vol, qu'il dénonce
ou ne dénonce pas le voleur, n'est pas lui-même un
voleur (4). »

« Celui qui indique le chemin à l'esclave fugitif,
ne se rend pas coupable de vol (5). »

« Le dépositaire qui nie le dépôt qui lui a été
confié ne commet pas un vol, car la simple négation
ne suffit pas pour constituer le *furtum*, bien qu'elle
n'en soit pas très-éloignée (6).

Élément intentionnel.

Le fait matériel de la *contrectatio* ne suffirait pas
seul pour constituer le *furtum*, s'il n'était pas accompli
dans l'intention de commettre ce délit ; car suivant les
expressions de Théophile, « furtum non committitur

(1) L. 1, § 1, h. t.
(2) L. 52, § 19, h. t.
(3) L. 21, § 7, et Paul *Sent.*, lib. 2, tit. 31, 55.
(4) L. 48, § 1, h. t.
(5) L. 62, h. t.
(6) L. 67, h. t.

sine affectu, et malo animo furandi. » Il faut donc nécessairement, pour que le délit prenne naissance, que la *contrectatio* soit frauduleuse et commise dans l'intention de réaliser un bénéfice, *lucri faciendi gratia*.

Ici encore des textes nombreux viennent se présenter à nous pour confirmer ce principe.

« Celui qui s'est emparé d'une chose, parce qu'il croyait à tort que son propriétaire l'avait abandonnée, ne commet pas un vol ; s'il ne pensait pas même qu'elle fût abandonnée, mais qu'il l'ait prise avec l'intention de la restituer à celui à qui elle appartient et sans vouloir se l'approprier, il n'est pas tenu de l'action *furti* (1). »

« Celui qui croit que le propriétaire a donné son consentement à l'enlèvement de la chose n'est pas coupable de vol, car il n'y a pas dol de sa part, puisqu'il croit avoir l'assentiment du maître, quand bien même cette croyance serait erronée. Celui-là seul est coupable qui n'ignore pas que le maître n'a pas donné son consentement (2). »

« Celui qui, en sa qualité d'héritier, prend possession des biens d'une personne vivante qu'il croyait morte, ne commet pas un *furtum* (3). »

Dans tous ces cas, l'intention de l'agent est pure et exempte de dol, mais il pourrait arriver que ses actes aient été déterminés par une pensée coupable, et que cependant le délit de vol n'existât pas, parce qu'il n'avait pas l'intention de le commettre. Jusque-là nous

(1) L. 43, §§ 6 et 7, h. t.
(2) L. 46, § 7.
(3) L. 85, p.

avons rencontré une *contrectatio* com-ise *lucri faciendi gratia, sed non fraudal sa;* les textes suivants vont nous donner l'exemple d'une *contrectatio fraudulosa, sed non lucri faciendi gratia.*

« Si quelqu'un enlève ou détourne l'esclave d'autrui qui était prostituée, il n'y a pas de vol, car ce n'est pas l'action en elle-même qu'il faut considérer, mais la cause déterminante; cette cause, c'est ici *libido non furtum;* de même si quelqu'un, *libidinis causa,* ouvre la maison d'une courtisane, et que des voleurs étrangers à l'agent, profitant de cette circonstance, commettent un vol au préjudice de cette femme, l'agent n'est pas tenu de l'action *furti.* » (1)

Il en était ainsi si la femme était une prostituée, mais celui qui avait enlevé une femme non prostituée, par débauche, était tenu de l'action de vol, et s'il l'avait cachée, il était soumis à la peine la loi de Favia (2).

La différence entre ces deux espèces, dit Pothier dans ses Pandectes, c'est que, lorsque la femme enlevée était prostituée, on doit supposer que l'enlèvement a été déterminé par le libertinage; mais si elle ne l'était pas, on ne doit pas écouter celui qui alléguerait ce motif; de manière que, quand il dirait la vérité, on croirait encore qu'il a voulu la voler.

A la vérité Paul, dans ses *Sentences*, nous donne une décision directement contraire à celle de la loi 39 : « Qui meretricem libidinis causa rapuit et celavit, eum

<hr>

(1) L. 59, *h. t.*
(2) L. 82, § , *h. t.*

quoque furti actione teneri placuit (1). » Mais les commentateurs, et parmi eux Cujas, pensent que ce fragment est incomplet, et qu'il faut le mettre d'accord avec la loi 82, qui émane du même jurisconsulte, en lisant : « Qui non meretricem..... »

Cette conciliation nous paraît d'autant plus vraisemblable que dans la loi 53 p. *h. t.*, le même jurisconsulte donne une décision conforme à celle qui est contenue dans la deuxième partie de notre loi 39, et vient ainsi confirmer le principe à l'appui du quel nous avons invoqué cette loi. Nous lisons en effet dans ce texte : « Celui qui *injuriæ causa*, a brisé une porte n'est pas tenu du vol que, grâce à cette circonstance, des tiers auraient commis, car il faut tenir compte de l'intention du délinquant. »

Notre principe se trouve encore expressément consacré dans la loi 41, § 1, Dig., *Ad leg. Aquil.* « Il peut arriver, dit Pomponius, que celui qui a détruit des tablettes ne soit pas tenu de l'action *furti*, mais seulement de l'action *legis Aquilliæ*; c'est ce qui arrivera si cette destruction a lieu *non animo furti faciendi, sed tantum damni dandi*. Il n'y a pas lieu à intenter dans ce cas l'action *furti*, parce que le vol ne peut pas exister sans que l'intention de le commettre soit jointe au fait lui-même. Il ne sera pas inutile de remarquer que cette loi, comme la loi 50, est tirée du jurisconsulte Ulpien, et il n'est pas possible qu'il ait ainsi rapporté deux opinions divergentes sans signaler au moins le débat qui se serait élevé à ce sujet.

____

(1) *Sent.*, lib. 2, tit. 31, 12.

Il importe peu que l'*animus lucri faciendi* soit conçu
par le voleur dans son intérêt personnel, ou dans l'intérêt d'un tiers ; ainsi celui qui soustrait une chose dans
le but d'en faire une libéralité commet un vol ; il en
est de même de celui qui, détenant une chose comme
commodataire, la prête à autrui, bien qu'au premier
abord le commodataire, en abdiquant la possession
de la chose, paraisse plutôt s'appauvrir que réaliser
un bénéfice ; mais on a considéré que la reconnais-
sance qu'il s'est acquise par sa libéralité *est species
lucri* (1).

Le vol n'en existerait pas moins parce que le voleur se serait trompé sur la nature ou la qualité des
objets volés, ou qu'il ignorerait à qui ils appartiennent (2).

Mais il ne peut y avoir vol qu'autant que le détournement a été fait contre la volonté du maître ou
du possesseur ; cependant Pomponius pensait que
cette circonstance était en elle-même indifférente, et
que, si le voleur ignorait le consentement donné à ses
actes, il était tenu de l'action *furti.* Cette opinion n'a-
vait pas prévalu : « Verumtamen est ut cum ego vel-
lem eum uti, licet ignoret, ne furti sit obligatus (3). »

Justinien ne s'est pas conformé strictement à ce
principe, et dans ses Instituts (4) il y apporte une
dérogation basée, non sur le droit, mais sur la nature
des faits. Titius a engagé l'esclave de Mœvius à voler

---

(1) L. 51. § 1, h. t.
(2) L. 21. § 2, et L. 15, h. t.
(3) L. 46, § 8, h. t.; G., Com. 5, § 198.
(4) § 8, *De oblig. quæ ex delict.*

son maître et à lui remettre divers objets. L'esclave avertit son maître qui, pour surprendre Titius *in ipso delicto*, permet de lui porter quelques objets.

Il n'y a pas vol, puisqu'il y a consentement du maître ; il n'y a pas lieu non plus d'intenter l'action *servi corrupti*, puisque l'esclave a résisté, *nec deterior factus est* (1). Cependant des jurisconsultes accordaient l'action *furti* en se fondant sur ce que le consentement n'était pas réel, mais simulé.

Justinien (2) accorde les deux actions, tant celle du vol que l'action *servi corrupti*, car bien que l'esclave, n'ayant pas été corrompu, n'ait rien perdu de sa valeur, cependant l'intention du corrupteur était évidente, et l'exemple de son impunité pourrait encourager à tenter le même délit sur d'autres esclaves plus faciles à corrompre.

Le maître qui ignore le vol, n'est pas censé y consentir : « Velare autem dominum accipimus, etiam eum qui ignorat, hoc est eum qui non consentit, » nous dit Ulpien (3).

Labéon pensait que si celui qui a eu connaissance qu'un vol se commettait à son préjudice ne s'y est pas opposé, il ne peut pas intenter contre le voleur l'action *furti* ; mais Paul, qui nous rapporte cette décision, accorde au contraire l'exercice de cette action au propriétaire qui, tout en ayant connaissance du vol, s'est trouvé empêché de s'y opposer, par exemple

---

(1) G., Com. 3, § 198.
(2) L. 20, Cod., *De furt. et serv. corrupt.*, et § 8, Inst. *De oblig. quæ ex delict.*
(3) L. 18, § 3, Dig., *h. t.*

quoique l'affranchi, retenu par un sentiment de respect envers son patron, ne se soit pas opposé à la soustraction qu'il commettait à son préjudice, le vol n'en existe pas moins. Il en est de même dans tous les cas où le respect, la crainte révérentielle empêche le propriétaire de s'opposer aux entreprises du voleur (1).

Mais si ce sentiment de crainte ou de respect n'a pas seulement causé l'inertie, mais qu'il ait provoqué un fait actif, le dessaisissement de l'objet au profit du voleur, il y a consentement suffisant pour faire obstacle à l'existence du vol (2).

Le consentement peut aussi avoir été déterminé par des manœuvres frauduleuses, et, dans ce cas, il faut distinguer. Si le dol n'a eu ni pour but ni pour résultat une erreur sur la personne, il y aura tromperie, mais non pas vol. « Si quis nihil in persona sua mentitus est, sed verbis fraudem adhibuit, fallax est, magis quam furtum facit (3). » Mais s'il y a eu erreur sur la personne, comme il n'y a pas eu consentement, le vol existe : « Nam hic non tibi volebam dare, adeoque invito me contrectas. » Ainsi, celui qui se fait passer faussement pour créancier, et qui reçoit ainsi de l'argent qui ne lui était pas dû, commet un vol (4). Il y a aussi un vol dans le fait de celui qui usurpe le titre de mandataire pour se faire remettre, en cette qualité, l'argent dû à un créancier qu'il n'était pas chargé de représenter (5). Cependant Neratius

(1) L. 91, h. t.
(2) L. 11, § 12, Dig., Quod metus caussâ.
(3) L. 43, § 3, h. t.
(4) L. 43, p., h. t.
(5) L. 11, p., et L. 89, § 6, h. t.

apporte ici une restriction raisonnable. Si le *solvens* a remis au mandataire l'argent *obsignatam*, *obseratam*, et avec l'intention d'en transmettre la propriété non au mandataire, mais au maître seul, le *falsus procurator* se rend certainement coupable de vol. Mais si, au contraire, la propriété de la somme lui avait été directement donnée pour qu'il la transférât ensuite au créancier, il n'y a pas vol. Dans le premier cas, en effet, l'argent donné reste la propriété du débiteur, car le *falsus procurator* ne l'a pas reçu pour en faire l'usage auquel le destinait le débiteur ; dans le second cas, au contraire, il est certain que c'est par la volonté de ce même débiteur que le *falsus procurator* en est devenu propriétaire.

Complicité.

Si l'auteur principal s'est adjoint des complices, ces derniers seront tenus comme lui-même des peines du *furtum*.

La complicité comme le délit lui-même n'existe que par la réunion du fait matériel à l'intention, *ope consilio*, et les règles que nous avons précédemment établies s'appliquent également ici. Ainsi l'assistance matérielle donnée dans l'ignorance du but que se propose l'auteur principal, et bien entendu en dehors de toute idée, de la part de l'agent, de participer à un vol, ne saurait rendre son auteur passible des peines de ce délit ; mais rien n'empêche que ces actes ne puissent être réprimés autrement ; ainsi celui qui en agitant un lambeau de pourpre a effrayé et mis en

fuite un troupeau, et l'a fait tomber dans une embus-
cade dressée par des voleurs, celui-là sera tenu de
l'action *furti*, s'il avait l'intention de coopérer au vol ;
dans le cas contraire il n'en sera pas tenu ; mais comme
une plaisanterie si coupable et si dommageable ne doit
pas rester impunie, on donnera contre lui une action
in factum (1).

Il va sans dire que l'intention seule de participer à
un vol, pas plus que l'intention de le commettre, ne
saurait constituer un délit. Mais faut-il reconnaître une
complicité résultant du simple conseil indépendamment de tout acte d'assistance matérielle ? Ce qui peut
faire naître le doute, c'est que le même mot, *consilium*,
est employé pour exprimer ces deux idées différentes,
et d'un autre côté nous voyons les jurisconsultes divisés
sur la question de savoir comment devait être enten-
due cette expression *ope consilio*, *conjunctim an se-
paratim* (2). Nous pensons qu'un individu ne peut pas
être considéré comme complice par cela seul que c'est
par son conseil que le vol a été commis et que la complicité ne peut exister que par la réunion de ces deux
choses, *ope consilio*. Cette opinion a définitivement
triomphé, et elle est consacrée par Justinien en ces
termes : « Certe qui nullam opem ad furtum faciendum
adhibuit, sed tantum consilium dedit atque hortatus
est ad furtum faciendum, non tenetur furti (3). »

(1) L. 50, § 1, et 52, § 13, h. t.; G., Com. 3, § 202.
(2) L. 50, §§ 2 et 3, h. t.; L. 53, § 2, De verb. sign.
(3) Inst., § 11, De oblig. quæ ex delict.

Qui peut commettre un vol.

Pour se rendre coupable de vol, il faut que l'auteur de l'acte ait l'intention de le commettre, l'*affectus furandi*; il faut qu'il ait la conscience de l'acte qu'il commet, qu'il ait l'intention de mal faire, *dolus*. Par cette raison les personnes dépourvues d'intelligence ne peuvent pas commettre un vol, dans l'acception juridique du mot; il en est de même de l'*infans* et de l'impubère *proximus infantiæ*. En un mot, pour commettre un vol, il faut être *doli capax* (1). Si l'impubère est *proximus pubertati*, comme il a dès lors la conscience de ses actes, il se rend coupable de vol en dérobant la chose d'autrui (2).

On s'est demandé si un créancier, en enlevant la chose qui lui est due, commet un vol envers le débiteur; cette question doit se résoudre par une distinction. Si en échange de la chose qui lui est due, et qu'il a enlevée, le créancier devait remettre une valeur ou une somme correspondante, il est coupable de vol; c'est comme s'il avait soustrait à son créancier une chose qu'il lui avait précédemment donnée en gage. Ainsi l'acheteur qui, avant d'en avoir payé le prix, enlève la chose qu'il avait achetée et qui était restée en la garde du vendeur, commet un vol au préjudice de ce dernier. « Venditor enim quasi pignus retinere eam rem potest, quam vendidit (3). » Nous donnerons

(1) L. 23, h. t.
(2) L. 23 et 24, h. t.; L. 111, p. De reg. jur.; G., Com. 3, § 208; Inst., § 18, De oblig. quæ ex delict.
(3) L. 14, § 1, h. t.; L. 13, § 8, De act. empt., Dig.

la même décision dans le cas où le commodant aura enlevé au commodataire la chose qu'il lui avait prêtée, lorsque ce dernier avait fait des dépenses à l'occasion de cette chose; dans ce cas, en effet, il avait acquis sur elle un droit de rétention, et *quasi pignoris loco ea res fuit* (1). Mais si le créancier ne devait rien donner en échange, ou s'il en avait payé le prix, son action ne constitue pas un vol (2).

L'associé ou le communiste qui se rendent coupables de soustraction d'une chose commune, enlèvent partiellement la chose d'autrui, et se rendent par suite passibles de l'action de vol (3).

Quelle chose peut être l'objet du vol.

Le vol ne peut avoir pour objet qu'une chose mobilière, car ces choses seules sont susceptibles d'être enlevées ou soustraites; il paraît, cependant, qu'on admit pendant quelque temps la possibilité d'un vol d'immeubles, mais, du temps de Gaïus, cette extension était définitivement rejetée, et dès lors il n'y a plus que les choses mobilières qui puissent être l'objet du vol (4) : « Abolita est enim quorumdam veterum sententia existimantium etiam fundi, locive furtum fieri. »

Toutefois, si *furandi animo* on détachait des frag-

(1) L. 15, § 2, h. t.
(2) L. 11, § 1, h. t.
(3) L. 15, h. t.; L. 45 et 51, Pro socio.
(4) G., Com. 2, § 51; L. 38, Dig., De usucep. et usurp.; Inst., § 7, De usucap.

ments d'un immeuble et qu'on les enlevât, il y aurait vol à l'égard de ces objets ainsi mobilisés (1).

Il s'est élevé entre les jurisconsultes la question de savoir si celui qui enlève partie d'un tout plus considérable doit être considéré comme ayant volé le tout, ou seulement la portion qu'il en a soustraite. Ofilius et Trebatius soutenaient d'une manière absolue et sans s'attacher à la quantité des choses soustraites, qu'il y avait dans tous les cas un vol de la totalité. Le motif de leur décision était que celui qui vole une partie d'un tout aurait volé le tout s'il l'avait pu, et que celui qui *tetigit aurem alicujus, totum illum tetigisse videtur.* Sabinus résolvait cette question au moyen d'une distinction puisée dans la nature des choses : si le voleur s'est adressé à un meuble qu'il ne pouvait pas enlever en entier, qu'il l'ait fracturé, ouvert, et qu'il ait emporté quelques-uns des objets qu'il renfermait, il ne commet véritablement de vol que relativement aux objets qu'il a enlevés, quand bien même, après la fracture du meuble qui les contenait, il aurait pu les enlever tous. Mais s'il pouvait enlever le meuble en entier, *totum vas,* et que cependant il l'ait fracturé pour enlever quelques-unes seulement des choses qu'il contenait, c'est comme s'il avait volé le meuble lui-même et ce qu'il contenait (2).

Le vol ne saurait exister si la chose soustraite n'appartient à personne : telles sont les choses *nullius,* dont la propriété est acquise au premier occupant. Il en

(1) Lois 23, § 2, et 37, h. t.
(2) L. 21, § 8, et 22, § 2, h. t.

serait de même si la chose n'était possédée par personne, car, nous dit Scévola (1), le vol est un enlèvement de la possession, et, s'il n'y a pas de possession,
il ne peut pas y avoir vol. Aussi voyons-nous que les
biens d'une hérédité jacente ne pouvaient pas être
l'objet d'un vol, car l'hérédité n'en a pas la possession
quæ facti est et animi, et l'héritier, avant d'avoir fait
adition, ne l'a pas davantage. Aussi, nous dit Paul(2),
« rei hereditariæ antequam ab hærede possideatur,
furtum fieri non potest. » Dans l'ancien droit, la puissance de ce principe était telle qu'il était permis à
tout le monde de s'emparer des biens délaissés par le
défunt, et non encore occupés par l'héritier. Bien
plus, la personne qui, sans avoir le moindre droit à
l'hérédité, s'était emparée d'une chose héréditaire, en
acquérait la propriété par la possession continue d'un
an. Cette usucapion, sans titre ni droit, fut successivement restreinte par la jurisprudence, et Marc-Aurèle
établit contre le possesseur de mauvaise foi une poursuite extraordinaire, *crimen expilatæ hæreditatis.*

Depuis cet empereur, la soustraction des choses héréditaires était donc passible d'une peine criminelle, mais
encore dans la législation de Justinien elle n'est pas
un *furtum* : « Rei hæreditariæ, nondum possessæ, non
fit furtum (3). »

Si la chose volée avait été engagée ou prêtée par
le défunt, ou par lui donnée en usufruit, comme dans

(1) L. 1, § 13, Si is qui testam. lib.
(2) Sent., lib. 2, tit. 31, 11.
(3) L. 6, § 6. Dig., Rerum amot.; L. 2, § 1, Dig , Expilatæ hæreditatis ;
L. 68, h. t.

ce cas il se trouvait quelqu'un qui en avait la possession au moment du vol, l'action *furti* appartiendra
non-seulement à l'engagiste, à l'usufruitier ou au commodataire, mais encore à l'héritier, car la possession
du commodataire, du créancier gagiste ou de l'usufruitier qui avait commencé du vivant du propriétaire
continue après sa mort, et ainsi l'hérédité possède par
leur entremise (1).

Si c'est une chose appartenant à un tiers, et par lui
donnée à titre de commodat, de gage ou de louage,
à celui dont la succession est aujourd'hui ouverte, et
que cette chose vienne à être volée, l'hérédité ni l'héritier ne pourront sans doute exercer aucune action,
nam hæreditati furtum fieri non potest, mais le commodant, l'engagiste ou le locateur pourront exercer l'action *furti*, car si cette action ne se donne pas à l'hérédité, elle appartient néanmoins aux autres intéressés,
et ces derniers possèdent par l'hérédité qui détient la
chose en leur nom (2).

Des choses qui ne sont pas dans le commerce peuvent aussi être l'objet du vol. Ainsi, bien qu'en principe ce délit n'atteigne pas la personne d'un homme
libre, cependant si un fils de famille qui se trouve sous
la puissance de son père a été enlevé, le père pourra
intenter l'action *furti* contre le ravisseur (3). Il en est
de même, nous dit Gaïus, dans le cas où la femme enlevée est une femme *in manu mariti*, un *judicatus* ou
un *auctoratus*, le mari ou le maître peuvent intenter

(1) L. 68, 69, 70, h. t.
(2) L. 11, § 16, h. t.
3) Inst., § 9, *De oblig. quæ ex delict.*; L. 11, § 15, h. t.

l'action *furti* (1). Le premier de ces cas subsiste seul dans la législation de Justinien.

La condiction ni la revendication n'étaient pas accordées dans ces cas ; on pouvait seulement réclamer ces personnes au moyen de l'action préjudicielle, des interdits, ou de la *cognitio prætoria* (2). Cependant le jurisconsulte Pomponius, dont la décision est approuvée par Ulpien, nous dit que le père pourrait revendiquer son fils, en modifiant l'intention de la formule, en y exprimant sous quel rapport cet homme lui appartient, « nisi adjecta causa quis vendicet. » Il précisera le rapport qu'il veut faire reconnaître, à savoir qu'un tel est son fils ou qu'il est sous sa puissance, selon le droit des Quirites, et la formule sera ainsi conçue : *Si paret hunc hominem Auli Agerii filium esse, ex jure Quiritium*, ou bien *Auli Agerii in potestate esse ex jure Quiritium*. Quant à la formule ordinaire, *si paret hunc hominem Auli Agerii esse, ex jure Quiritium*, il ne peut en user parce qu'elle présente l'idée que cet homme est au demandeur en propriété (3).

Les esclaves, rangés par les Romains dans la classe des choses, pouvaient sans aucun doute être l'objet du vol.

Lorsqu'il y a détournement, recel ou séquestration d'une personne libre *sui juris* ou *alieni juris*, ces faits constituent le *plagium ex lege Favia*, et l'on pouvait intenter contre le voleur, qui prend alors le nom de *sup-*

---

(1) G., Com. 3, § 199.
(2) L. 38, § 1, h t.; L. 1, § 2, *De rei vendicat.*; L. 2, § 2, *De interdictis.*
(3) M. Pellat, *De la propriété et de l'usufruit*, p. 113.

pressor, un *judicium publicum* qui entraînait une condamnation *in metallum*.

Au point de vue de l'objet du délit, il peut y avoir trois espèces de vol : *furtum rei, furtum usus, aut furtum possessionis* (1).

Furtum rei.

Il y a *furtum rei* lorsque le voleur s'empare de la chose avec l'intention de la faire sienne, de se l'approprier, lorsqu'il a vis-à-vis d'elle l'*animus domini*.

Furtum usus.

Le *furtum usus* se commet par les mandataires, commodataires, dépositaires, séquestres, créanciers, gagistes, usufruitiers, locataires qui font avec *affectus furandi* un usage illicite de la chose qui leur est confiée. L'ancien droit était sous ce rapport d'une sévérité extrême. Nous lisons dans Valère Maxime (2). *Quidam furti damnatus est, quod equo, cujus usus illi, usque ad Ariciam commodatus fuerat, ulteriore hujus municipii clivo esset.* Aulu-Gelle nous dit aussi (3). *Scævola verba hæc posuit; quod cui servandum datum est, si id usus est, sive quod utendum ut cepit, ad aliam rem atque accepit usus est, furti se obligavit* (4). Cependant il ne peut y avoir vol, conformément aux principes que

(1) Inst., § 1, De oblig. quæ ex delict.; L. 1, § 3, Dig., h. t.
(2) 8, 2, 1.
(3) Noct. attic., 6, 7, 15.
(4) L. 10 ; L. 54, § 1, h. t. ; L. 29, Deposit, Dig.

nous avons déjà exposés, qu'autant que celui à qui la chose a été confiée a conscience d'agir contre la volonté et l'intention du propriétaire de la chose : *Quia factum sine dolo malo non committitur* (1).

Furtum possessionis.

Il y a *furtum possessionis* lorsque quelqu'un s'empare d'une chose avec l'intention de faire profit de la possession de cette chose, et comme le vol de cette nature peut, sans aucun doute, être commis par le propriétaire de la chose elle-même, c'est en ce sens que Gaïus et après lui Justinien ont pu nous dire : « *Aliquando suæ rei furtum quisque committit* (2). »

Nous trouvons dans les textes de nombreux exemples de cette nature de vol ; ainsi le nu-propriétaire qui soustrait une chose qui lui appartient, commet un *furtum possessionis* au préjudice de l'usufruitier, et il est tenu envers lui de l'action *furti* (3). »

Le créancier gagiste a l'action *furti* contre son débiteur qui, après lui avoir donné une chose en gage, la vend à un tiers, et nous avons vu qu'il en était de même dans le cas où la chose était simplement hypothéquée (4).

Si c'est une chose donnée en commodat que son propriétaire enlève au commodataire, en principe il

---

(1) G., Com 3, § 196 et 107 ; Inst., §§ 6 et 7, De oblig. quæ ex delict.; l. 76, h. t.

(2) G., Com 3, § 200 ; Inst., § 10, De obligat. quæ ex delict.

(3) l. 13, § 1, h. t.

(4) l. 12, § 2. et 66 p., h. t.

n'y a pas vol, car le commodant *recipit suum*, et le commodataire n'étant dès lors plus soumis à l'action *commodati*, n'aurait aucun intérêt qui puisse lui permettre d'intenter contre le propriétaire l'action *furti*. Mais il n'en est plus de même si le commodataire avait fait des dépenses à l'occasion de la chose qui lui a été ainsi enlevée ; il a ainsi acquis sur cette chose un droit de rétention, *eo casu, quasi pignoris loco ea res fuit*. Le propriétaire, en la lui enlevant, a commis un vol à son préjudice ; il est tenu de l'action *furti*, et d'autre part le commodataire a un intérêt légitime qui lui permet d'intenter cette action (1).

L'action *furti* appartient aussi au possesseur de bonne foi, contre le maître qui lui a soustrait la chose qu'il possédait en cette qualité (2).

Aulu-Gelle (3) nous rapporte que Sabinus considérait comme un *furtum possessionis* le fait par un colon, d'avoir vendu le fonds qu'il détenait à ce titre, et d'avoir ainsi interverti la possession du propriétaire. Sabinus pensait en effet que le vol pouvait avoir pour objet des fonds de terre et des maisons ; mais cette opinion n'avait pas prévalu, et, par conséquent, le fait dont il s'agit ne saurait constituer le *furtum possessionis*.

Condition de la res furtiva.

La loi des Douze Tables et la loi Atinia, dont les

---

(1) L. 15, § 2, et L. 59, h. t. ; Paul., Sent., lib. 2, tit. 31, 21.
(2) L. 20, § 1, h. t.
(3) Noct. attic., lib. 11. cap. 18.

termes nous ont été conservés par Aulu-Gelle (1), créaient une situation tout exceptionnelle pour les choses qui avaient été l'objet d'un vol. La possession d'une chose volée, en quelques mains qu'elle passât, même en celles d'un possesseur de bonne foi, était vicieuse, et ce vice dont elle était atteinte avait pour effet, pendant tout le temps de sa durée, d'empêcher l'usucapion. « *Legis veteris Atiniæ verba sunt : quod subreptum erit, hujus rei æterna auctoritas esto* (2). »

Ce vice ne pouvait être effacé que par le retour de la chose aux mains du propriétaire ou par quelque autre acte équivalent. Ainsi, par exemple, celui qui avait la possession de la chose volée, l'a, sur l'ordre du propriétaire, livrée à un tiers. Le maître a vendu au voleur la chose qu'il lui avait soustraite. Ou bien il l'avait réclamée par la *rei vindicatio*, et a reçu la *litis æstimatio* (3).

On pourrait se demander comment, après que la chose volée a été par le propriétaire vendue au voleur, il peut être encore besoin d'usucapion, comme le suppose le texte de la loi 84. Il y a là, en effet, une inexactitude dans le droit de Justinien, mais, dans le droit ancien, cette décision était juste : il s'agissait, dans l'espèce, d'une chose *mancipi*, dont le *dominium* ne pouvait être transféré que par l'un des modes solennels établis par la loi, la *mancipatio* ou l'*in jure cessio*. Aucun de ces modes n'ayant été employé, l'acheteur a besoin de l'usucapion pour obtenir la

(1) *Noct. attic.*, lib. 17, tit 7.
(2) G , Com 2, § 45; *Inst.*, § 2, De usucap., et § 12, De oblig. que ex delict.
(3) L. 81, h. t.

propriété *ex jure Quiritium*. Dans le droit de Justinien, la distinction entre les choses *mancipi* et les choses *nec mancipi* n'existe plus, mais les compilateurs ont laissé, par inadvertance, subsister ce vestige des temps passés.

Pour que le vice résultant du vol soit purgé, il ne suffit même pas que la chose qui en est atteinte soit revenue aux mains du propriétaire, il faut encore que ce dernier la recouvre en connaissance de cause, comme chose lui appartenant, et qu'il sait qui lui a été volée. « Nam si ignorans rem mihi subreptam, emam, non videri in potestatem meam reversam (1). »

Il est évident qu'on ne pourra dire que la chose est revenue *in potestatem domini* qu'autant qu'il en aura recouvré la possession, de telle sorte qu'elle ne puisse plus lui être justement enlevée. « Non videtur possessionem adeptus, is qui ita nactus est, ut eam retinere non possit (2). »

Si la chose se trouve aux mains d'un créancier gagiste, d'un usufruitier ou d'un possesseur de bonne foi, et que le propriétaire l'ait volée, elle ne se trouve pas entachée du vice provenant du vol, ou plutôt ce vice sera purgé en même temps qu'il aura pris naissance, puisqu'en même temps qu'elle a été volée, elle est revenue aux mains du propriétaire; c'est comme si le vol avait été commis par un tiers, et qu'ensuite le propriétaire en ait recouvré la possession (3).

(1) L. 1, § 12, De usuc. et usurp., Dig., L. 86, h. t.
(2) L. 22, De acquirenda vel amit. possess.; L. 1, §12, De usurp. et usuc., Dig.
(3) L. 20, § 1, h. t.

Cette décision n'avait point été admise sans contestation : les Proculiens n'admettaient pas que le vice dont la chose se trouvait atteinte pût être purgé en même temps qu'il avait pris naissance, par suite de cette circonstance que celui qui avait commis le vol était précisément le propriétaire. Mais l'opinion contraire, qui était adoptée par les Sabiniens, avait prévalu (1).

Un point sur lequel les deux sectes se trouvaient d'accord, c'est que si la chose donnée en gage était revenue entre les mains du créancier gagiste, à qui elle avait été volée, le vice dont elle était atteinte se trouve purgé, et qu'elle peut être usucapée. « Il n'est donc pas exact, ajoute Paul, de dire que la chose ne peut jamais être purgée du vice qui en empêche l'usucapion, qu'autant qu'elle est revenue *in potestatem domini* (2). »

Si la chose, au lieu d'être engagée au créancier, lui avait seulement été hypothéquée, et que le propriétaire chez qui la possession était restée l'ait vendue à un tiers, il y a *furtum* ; mais bien que le voleur soit en même temps le propriétaire de la chose, cependant cette chose demeure entachée du vice résultant du vol, et elle ne peut pas être usucapée tant qu'elle n'est pas revenue *in potestatem domini;* car, dans l'espèce, l'action même du vol n'a pas pour effet, comme dans la précédente, de faire rentrer la chose *in manu domini* (3).

(1) L. 4, § 21, *f. usurp. et usuc.;* L. 5, Pro empt., Dig.
(2) L. 19, *De usurp. et usuc.,* Dig.
(3) L. 6, Cod., *De usucap. pro emptore.*

Nous avons dit que les esclaves étant dans le droit romain considérés comme des choses, pouvaient, comme elles, être l'objet d'un vol. Si une esclave a été volée, pas de doute qu'elle ne puisse pas être usucapée, en sa qualité de *res furtiva* : mais nous avons à nous demander quelle sera, sous ce rapport, la condition de l'enfant qu'elle aura postérieurement mis au monde. Ulpien répond ainsi à cette question (1) : « Si une esclave est volée étant déjà enceinte ou si elle a conçu chez le voleur, le part est chose furtive, soit qu'il vienne au monde chez le voleur, ou chez un possesseur de bonne foi. Mais si l'esclave a conçu chez un possesseur de bonne foi, et y est accouchée, il en résultera que le part n'est pas furtif, et qu'il peut être usucapé. Il faut observer, pour les animaux et pour leur croît la même règle que pour le part. »

Scévola, au contraire, considérant le part comme tout à fait indépendant de la personne de sa mère, pensait que si l'esclave était déjà enceinte à l'époque du vol, ou si elle a conçu depuis chez le voleur ou son héritier, et qu'elle ait accouché chez l'héritier du voleur, qu'il faut supposer de bonne foi, ou chez un possesseur de bonne foi, le part n'est pas chose furtive, et qu'il peut être usucapé. Il en est de même pour le croît des animaux.

Entre ces deux décisions vient se placer celle qui nous est laissée par Marcellus. Ce jurisconsulte ne paraît pas se préoccuper de la question de savoir si le part de l'esclave est intimement uni à la personne de

(1) L. 18, § 5, h. t.

sa mère, ou s'il en est entièrement distinct; car il décide sans donner satisfaction à l'une ou à l'autre de ces deux idées, que si l'esclave enceinte à l'époque du vol, ou qui l'est devenue depuis chez le voleur ou son héritier, est accouchée chez l'un d'eux, le part ne peut pas être usucapé comme étant *res furtiva*, mais que si l'esclave est accouchée chez un possesseur de bonne foi, le part n'est pas furtif et peut être usucapé. Il donne la même décision relativement au croît des animaux (1).

La doctrine consacrée par Ulpien semble avoir prévalu. Ainsi, l'enfant d'une esclave volée est lui-même *res furtiva* si l'esclave était déjà enceinte lors du vol, ou si elle l'est devenue chez le voleur, qu'elle accouche chez le voleur ou chez un possesseur de bonne foi.

Cet enfant n'est pas *res furtiva* si la mère a conçu et est accouchée chez un possesseur de bonne foi.

Dans le premier cas l'usucapion n'est pas possible, tant que le vice résultant du dol n'est pas purgé. Dans le deuxième, le possesseur de bonne foi pourra usucaper l'enfant qui n'est pas entaché de ce vice, mais il ne pourra pas usucaper la mère, parce qu'elle est *res furtiva*.

Quant à l'héritier du voleur, quelle que soit sa bonne foi, il ne sera jamais admis à l'usucapion, parce qu'il succède à tous les inconvénients de la position du voleur; mais si l'enfant de l'esclave volée a été conçu chez lui, et qu'il ignorât que cette esclave était *furtiva*,

____

(1) l. 10, § 2, *De usuc. et usurp.*, Dig.

cet enfant pourra être usucapé par un acheteur de bonne foi.

Ulpien, après avoir, dans la loi que nous avons rapportée ci-dessus, établi une assimilation parfaite entre le croît des animaux et le part de l'esclave, « idem et in pecudibus servandum est, et in fœtu eorum, quod in partu, » établit cependant entre eux une différence que nous trouvons indiquée dans le paragraphe suivant de la même loi (1) : « Ex furtivis equis nati, statim ad bonæ fidei emptorem pertinebunt : merito quia in fructu numerantur ; at partus ancillæ non numerantur in fructu. » Nous empruntons à M. Pellat (2) l'explication qu'il donne de cette apparente contradiction : Les petits des animaux et les enfants des esclaves ont cela de commun que, pour pouvoir être acquis au possesseur de bonne foi, il faut qu'il n'aient pas été conçus chez le voleur.

Mais il y a entre eux une différence sur la manière dont ils sont acquis. Le croît de la bête volée est un fruit, et, dès le moment de sa naissance, il appartiendra au possesseur de bonne foi, chez lequel il a été conçu et où il est né, parce que le possesseur de bonne foi fait les fruits siens dès le moment de leur séparation de la chose qui les a produits. Au contraire le part de l'esclave volée n'est pas un fruit, et bien qu'il ait été conçu et qu'il soit né chez le possesseur de bonne foi, il ne lui est pas acquis en propriété dès l'instant de sa naissance, mais seulement après le temps

(1) L. 18, § 6, h. t.
(2) *De la propriété et de l'usufruit,* p. 511.

requis pour l'usucapion, car le possesseur de bonne foi ne gagne que les fruits. »

Ainsi Ulpien, tout en reconnaissant que le croît des animaux, en qualité de fruit, appartient dès sa naissance au possesseur de bonne foi, exige cependant pour cela qu'il ait été conçu chez le possesseur de bonne foi, comme il l'exige à l'égard du part, pour qu'il puisse être usucapé.

Paul, au contraire, assimilant plus complétement le croît des animaux aux autres fruits, ne s'inquiète aucunement du moment de la conception, pas plus qu'on ne s'inquiète pour le lait et la laine du moment où ces produits ont commencé à se former, et il ne s'attache qu'au moment de la séparation : « Et ovium fœtus in fructu sunt, et ideo ad bonæ fidei emptorem pertinent, etiamsi prægnantes venierint, vel subreptæ sint : et sane quin lac suum faciat, quamvis plenis uberibus venierint, dubitari non potest. Idemque in lana juris est (1). »

Quelques interprètes, pour concilier ces deux jurisconsultes, ont voulu rendre négative la décision qu'Ulpien nous a donnée dans le § 5 de la loi 48, *h. t.*, en lisant : *Non idem in pecudibus* ; mais la Florentine, la Vulgate et les Basiliques s'accordent pour la leçon *idem et in pecudibus*, et il faut bien reconnaître qu'il existait entre Ulpien et Paul une divergence d'opinions. Le premier prenait en considération l'époque de la conception du croît, le second pensait qu'il ne fallait pas s'en occuper.

___

(1) L. 18, § 2, Dig., *de adquir. rer. domin.*; L. 4, § 19, Dig., *De usurp. et usuc.*

CHAPITRE III.

ACTIONS RELATIVES AU VOL.

Les actions qui naissent à l'occasion du vol sont de différentes espèces ; les unes ont pour but de punir les coupables ; ce sont les actions pénales ; les autres, destinées à procurer à la victime du vol le recouvrement de la chose qui lui a été enlevée, prennent le nom de *rei persecutoriæ*.

Les actions pénales sont l'action *furti* et l'action criminelle. Les actions *rei persecutoriæ* sont l'action *ad exhibendum*, la *rei vindicatio* et la *condictio furtiva*. L'action *furti* est la seule dont nous ayons à nous occuper ici, cependant nous dirons quelques mots de l'action pénale criminelle et des actions *rei persecutoriæ*.

ACTIONS PÉNALES.

§ 1ᵉʳ. *Action furti.*

L'action *furti non manifesti* dérive directement de la loi des Douze Tables ; c'est une action civile. L'action *furti manifesti* avait primitivement la même origine, mais postérieurement, ainsi que nous l'avons vu, elle fut modifiée par le préteur, qui aux peines sévères dont elle atteignait le coupable, substitua une peine pécuniaire; malgré son origine prétorienne, cette action est restée perpétuelle, parce qu'elle avait pour but d'adoucir les dispositions du droit civil. « Furti quoque manifesti actio, quamvis ex ipsius prætoris jurisdictione proficiscatur, perpetuo datur, et merito, cum pro capitali pœna, pecuniaria constituta sit (1) »

Les deux actions, tant celle du préteur que l'action civile, entraînaient l'infamie du condamné.

L'action *furti* se donne à celui qui a intérêt à la conservation de la chose, même quand il n'est pas propriétaire, et le propriétaire lui-même n'a cette action que dans le cas où il est intéressé à ce que la chose ne périsse pas (2).

Cette action n'appartient pas toutefois à tous ceux qui pourraient avoir à l'exercer un intérêt quelconque.

Il faut en premier lieu qu'il procède en *justa et honesta causa*, qu'il soit légitime (3). Ainsi, par exemple, on ne peut nier que le voleur qui a été dépouillé lui-même de la chose qu'il avait enlevée, ne soit intéressé à ce que ce vol nouveau n'ait pas été commis à son préjudice, puisqu'au moyen de la *condictio*, il est tenu envers le propriétaire à la restitution de la chose; et cependant, il ne lui sera pas permis d'intenter contre celui qui l'a dépouillé l'action *furti*, « nam nemo de improbitate sua consequitur actionem (4). »

Cependant une exception à ce principe a été admise

(1) G , Com. 4, § 111.
(2) G , Com 5, § 203 ; *Inst.*, § 13, *De oblig. quæ ex delict.*; L. 10, et 11, § 16, *h. t.*
(3) L. 11, *h. t.*
(4) L. 12, § 1, et L. 76, § 1, *h. t.*

en faveur du *fullo*. Si contre le gré du maître, il a prêté à Titius un vêtement qui lui avait été confié, il se rend coupable de vol, et cependant si le vêtement est volé entre les mains de Titius, il pourra intenter contre le voleur l'action *furti*. C'est ici un cas unique dans lequel l'action *furti* peut être exercée par un voleur (1).

Il faut encore qu'il résulte d'un dommage éprouvé, et non pas seulement du *lucrum cessans*. Ainsi celui qui possède une chose *pro hærede*, ne peut intenter l'action *furti* contre le voleur qui l'en a dépouillé, car quoiqu'il soit en voie d'usucaper, le vol ne lui cause aucun dommage, et l'empêche seulement de réaliser un bénéfice (2).

Cette action au contraire appartient à ceux qui ont sur la chose enlevée un droit de propriété, de possession, de servitude, d'usufruit, et à ceux qui la détiennent *ex voluntate domini*.

Ainsi, sans aucun doute, l'action *furti* appartient au propriétaire de la chose volée, quand bien même il n'aurait sur elle qu'une propriété conditionnelle, car il a au moins intérêt à la conserver jusqu'à l'arrivée de la condition. C'est ce qui arrivera notamment lorsque le vol aura eu pour objet un *statu liber* ou une chose léguée sous condition (3). Elle appartiendra aussi à l'acheteur de bonne foi, quoiqu'il ne soit pas propriétaire (4), à condition toutefois que la chose lui ait été livrée.

(1) L. 18, § 4, h. t.
(2) L. 71, § 1, h t.
(3) L. 80, § 1, h. t.
(4) Inst., § 15, *De obligg. quæ ex delicto* ; L. 20, § 1, h. t.

Le créancier gagiste aura aussi l'exercice de cette action si la chose qu'on lui avait donnée à gage vient à lui être volée, et il pourra l'exercer, soit que son débiteur soit solvable ou qu'il soit indigent, « quia expedit ei pignori potius incumbere quam in personam agere, » soit que le vol ait été commis par un tiers ou par le débiteur lui-même. Dans le cas où le vol aura été commis par un tiers, l'action *furti* pourra aussi être donnée au débiteur propriétaire de la chose, « quia utriusque interest (1). »

Si la chose volée était aux mains d'un locataire, c'est à lui que compéterait l'exercice de l'action *furti*. « Præterea habent furti actionem coloni, quamvis domini non sint, quia interest eorum (2). » Le locataire, en effet, répond de sa faute, et au moyen de l'action *locati*, le propriétaire poursuivra contre lui le recouvrement de sa chose ; le vol lui fait donc éprouver un préjudice. Mais si le locataire n'était pas en faute, comme il ne serait pas responsable de la perte de la chose, le préjudice résultant du vol retomberait sur le propriétaire auquel appartiendrait alors l'action *furti*. Il en serait de même si le locataire était en faute, et par conséquent responsable du vol, mais qu'il fût insolvable ; car, dans ce cas, c'est en vain que le propriétaire exercerait contre lui l'action *locati* pour se faire indemniser.

Si le vol a pour objet des fruits nés sur le fonds loué, l'action *furti* appartiendra tant au maître qu'au loca-

<hr>

(1) L. 12, § 2, h. t.; L. 11 ; Inst., De oblig. quæ ex delict.
(2) L. 11, § 2, h. t.

taire. « Frugibus ex fundo subreptis, tam colonus quam dominus furti agere possit, quia utriusque interest rem persequi (1). » Le locataire aura le droit de l'intenter quand même les fruits, lorsqu'ils ont été volés, n'auraient pas encore été séparés du sol : « quia ut primum deceptus esset, jus esse cœpisset (2). » De son côté, le propriétaire a intérêt à agir, même si son locataire est solvable, parce que les fruits sont son gage ; « et plus cautionis est in re quam in persona (3). »

L'action *furti* pourrait même appartenir exclusivement au propriétaire, soit contre le locataire lui-même, soit contre un tiers. En effet, si les fruits ont été affectés au payement des fermages, et que le colon les ait subrepticement enlevés, il a commis un vol au préjudice du propriétaire. Mais si le colon, sans enlever lui-même les fruits, les a vendus à un tiers alors qu'ils n'étaient pas encore séparés du sol, l'acheteur, en les enlevant, commet également un vol ; car tant qu'ils sont encore pendants par racines, les fruits appartiennent au propriétaire, comme le fonds lui-même qui les a produits. Le colon les acquiert par la perception, parce que telle est la volonté du propriétaire. Or, dans l'espèce, les fruits n'ont jamais appartenu au colon, puisqu'ils ont été détachés du sol par l'acheteur en son nom personnel (4).

Lorsque c'est entre les mains d'un précariste que la chose est volée, est-ce lui, ou bien le concédant qui

---

(1) L. 82, § 1, h. t.
(2) L. 26, § 1, h. t.
(3) L. 82, § 1, h. t.; L. 25, De rei jur.
(4) L. 61, § 8, h. t.

exercera l'action *furti*? Tout dépend de la question de savoir si le précariste est responsable du *furtum*. Or, à l'origine, le concédant n'avait contre le concessionnaire que l'interdit *de precario*, et il était de règle que cet interdit se donnait contre celui-là seulement qui possédait encore la chose, ou qui avait cessé de la posséder par dol. Le précariste qui avait perdu la chose par suite d'un *furtum*, était donc à l'abri de toute responsabilité vis-à-vis de celui de qui il tenait la chose ; il n'avait donc aucun intérêt à exercer l'action *furti*, qui dès lors compétait au concédant. Mais pour qu'il y ait lieu à l'application des principes qui précèdent, il faut supposer que le *furtum* a été commis avant que l'interdit n'ait été rendu ; autrement, le précariste en aurait répondu et l'action *furti* lui eût été donnée (1).

Dans le dernier état du droit, le contrat innomé de précaire donna naissance à l'action *præscriptis verbis*, mais cette action n'eut pas pour effet d'aggraver la responsabilité du précariste, et par suite, pour savoir à qui l'action *furti* devait être donnée, il y eut toujours lieu de se conformer aux distinctions que nous venons d'établir (2).

Ce que nous avons dit du locataire peut s'appliquer au foulon et au tailleur ; nous lisons en effet dans les Instituts (3) : « Si un foulon a reçu des vêtements à nettoyer ou à soigner, ou un tailleur des habits à coudre, moyennant un prix déterminé, et qu'on les lui ait volés, c'est lui qui a l'action de vol, et non le pro-

(1) L. 14, § 11, h. t.
(2) L. 2, § 2, Dig., De precario.
(3) § 15, De oblig. quæ ex delict.

priétaire, parce que celui-ci n'a pas d'intérêt à la conservation de la chose, pouvant l'exiger du tailleur ou
du foulon par l'action *locati*. Mais le foulon et le tailleur ne peuvent obtenir l'action *furti* que s'ils sont solvables, c'est à-dire s'ils peuvent payer au propriétaire
l'estimation de la chose ; car s'ils n'étaient pas solvables, le propriétaire ne pouvant obtenir d'eux son
bien, aurait lui-même l'action de vol, parce qu'alors il
aurait un intérêt personnel à la conservation de la
chose. Il en serait de même si le foulon ou le tailleur
n'étaient solvables qu'en partie.

Il en était autrefois ainsi du commodataire ; mais
Justinien a modifié sur ce point le droit ancien ; il
donne au propriétaire la faculté d'intenter, soit l'action du commodat contre le commodataire, soit l'action de vol contre le voleur ; mais une fois son choix
fait, il ne peut plus revenir à l'autre action. S'il s'en
prend au voleur, le commodataire est déchargé de
toute obligation ; s'il s'en prend au commodataire, il
ne peut plus en aucune manière intenter contre le
voleur l'action du vol, qui appartient dès lors au
commodataire actionné pour répondre de la chose :
bien entendu lorsque c'est sciemment, sachant que la
chose a été volée, qu'il a préféré attaquer le commodataire. Mais si c'est dans l'ignorance et dans le
doute du vol commis chez le commodataire qu'il a
attaqué celui-ci, et si plus tard venant à l'apprendre,
il veut abandonner son action de commodat et prendre
celle de vol, il le pourra sans que rien s'y oppose, à
moins cependant qu'il n'ait été satisfait par le commodataire, auquel cas le voleur est dégagé à son

égard de l'action de vol, mais il en est passible de la part du commodataire qui a indemnisé le propriétaire. Il est bien entendu aussi que si le propriétaire qui, dans l'ignorance du vol, avait intenté l'action de commodat, l'abandonne pour actionner le voleur, le commodataire est déchargé de toute obligation, quelle que soit l'issue du procès contre le voleur, comme aussi dans le sens inverse quelle que soit la solvabilité du commodataire (1).

Le dépositaire n'a pas l'exercice de l'action *furti*, car il ne répond que de son dol; hors le cas où il y aurait de sa part des faits de cette nature, le propriétaire n'a contre lui aucun recours, et même alors le dépositaire ne pourrait cependant pas intenter l'action contre le voleur, car « nemo potest ex dolo suo furti quærere actionem (2). »

Il se pourrait toutefois que, par une clause spéciale, le dépositaire se soit engagé à répondre de sa faute et, dans ce cas, s'il est solvable, il pourra exercer l'action *furti*, car il a un intérêt légitime à ce que le vol n'ait pas été commis et, d'un autre côté, le propriétaire sera désintéressé au moyen de l'action *pigneratitia*, pourvu toutefois que le dépositaire soit solvable.

Si deux personnes ont le droit d'exercer simultanément l'action *furti*, chacune d'elles peut le faire dans la limite de son intérêt. Que l'objet volé soit, par exemple, un esclave grevé d'usufruit, le maître et

<hr>

(1) Inst., § 16, De oblig. quæ ex delict.; G., Com. 3, § 206; L. 11, §§ 11, 13, 16, h. t.; L. 22, §§ 1 et 2, Col., De furt. et serv. corrupt.
(2) L. 11, § 3, h. t.

l'usufruitier pourront agir, l'un pour sa nue propriété, l'autre pour son droit d'usufruit (1).

Tout l'intérêt que l'on pourrait avoir à ce que le vol n'ait pas été commis, ne suffirait pas pour permettre l'usage de l'action *furti*, si, du reste, celui qui se plaint du vol n'était pas immédiatement et directement en rapport avec la chose volée, s'il ne la détenait pas *ex voluntate domini*.

Ainsi l'action *furti* ne peut pas être exercée par celui qui administre *vel voluntate sua, vel pro tutore*, ni par le tuteur ou le curateur, quoiqu'ils soient responsables du vol de la chose ; elle ne peut l'être davantage par celui *qui fidejussit pro colono*, quelque intéressé qu'il puisse être à ce que le vol n'ait pas été commis. Enfin ceux à qui la chose est simplement due *ex causa venditionis stipulationis, testamenti*, n'en ont pas non plus l'exercice (2).

Le vendeur qui, tant qu'il était en possession de la chose, avait l'exercice de l'action *furti*, était tenu de céder à l'acheteur cette action ainsi que la condiction et la revendication, et de le faire participer à tout ce qu'il aurait pu obtenir par leur moyen ; mais on avait fini par admettre que l'acheteur, bien qu'il n'ait pas encore reçu la possession de la chose, pouvait directement exercer l'action *furti* contre le voleur, indépendamment de toute cession : « *Si res vendita ante traditionem subrepta sit, emptor et venditor furti agere*

(1) L. 11, § 1, h. t.
(2) L. 15, 11, p. 66, § 5, 80 p, et 85, 4. t.

*possunt, utriusque enim interest rem tradi vel tra-
dere* (1). »

Pour le même motif, l'action *furti* n'appartient pas
au créancier chirographaire, à celui qui s'est porté
fidéjusseur du débiteur, ni à la femme mariée, quoique
toutes ces personnes aient un intérêt évident à ce que
le vol n'ait pas été consommé (2).

Après la mort de celui qui avait le droit d'exercer
cette action, l'exercice en appartient à ses héritiers (3).

Contre qui se donne l'action furti.

L'action *furti* se donne contre le voleur, et si
plusieurs personnes ont coopéré principalement au
vol, elle se donne contre chacune d'elles *in solidum*,
quand bien même les forces d'une seule d'entre elles
n'eussent pu suffire à commettre le délit. Elle se donne
aussi contre chacun des complices (4).

Cette action ne peut pas être exercée contre les
héritiers du voleur, et la raison nous en est donnée
par le jurisconsulte Paul, en ces termes : « *Quod pœna
constituitur in emendationem hominum, quæ mortuo eo,
in quem constitui videtur, desinit* (5). »

Cependant, si l'action avait été intentée contre le

(1) Paul., Sent., lib. 2, tit. 31, 17.
(2) L. 49 et 83, h. t.
(3) G. Com. 4, § 112; Inst., § 1, De perpet. et temp. act.; L. 1, § 1,
Dig., De priv. delict.
(4) L. 21, § 9, h. t.; L. 1, C., De cond. furt.; G., Com. 3. § 202 : Inst.,
§ 11, De oblig. quæ ex delict.
(5) L. 20, Dig., De præd., L. 1 ; p. Dig., De priv. delict.

délinquant, et que celui-ci fût mort, après sa *litis con-testatio*, l'instance pourrait être continuée contre ses héritiers, car la *litis contestatio* revêt les caractères d'un quasi-contrat judiciaire, et il s'est produit une novation qui a enlevé à l'obligation son caractère pénal (1).

Après que l'ancienne action *concepti* fut tombé en désuétude, l'action *furti* fut donnée contre ceux qui avaient recélé les objets provenant du vol, ou le voleur lui-même.

L'esclave coupable de vol au préjudice d'un tiers ne pouvait pas être poursuivi par l'action *furti*, tant qu'il restait sous la puissance de son maître, mais on donnait contre ce dernier l'action noxale, qui lui permettait de se libérer en faisant au lésé l'abandon de l'esclave coupable (2), si mieux il n'aimait payer le montant de sa condamnation.

Une exception à ce principe avait été admise, si un tiers avait reçu mandat d'acheter un esclave, ou qu'il l'ait reçu en dépôt, et que cet esclave ait commis un vol à son préjudice. Le maître, quand bien même il aurait ignoré les mauvaises dispositions de cet esclave, sera tenu de réparer tout le dommage résultant du vol, car le mandataire et le dépositaire allégueront avec raison qu'ils n'auraient pas éprouvé ce dommage s'ils ne s'étaient pas chargés du mandat et du dépôt, et « nemini officium suum damnosum esse debet. » Il

(1) Inst., § 1, *De perpet. et temp. action.*; L. 55 et 58, Dig., *De oblig. et act.*, L. unic., C., *De delicts defunct*; L. 184, Dig., *De reg. juris.*
(2) G., Com. 1, § 75; Inst., princ., *De nox. act.*

— 62 —

en serait autrement si le mandataire ou le dépositaire se trouvaient eux-mêmes en faute. Nous ne donnerions pas non plus la même décision, s'il s'agissait d'un commodataire, par le motif que le contrat de commodat est uniquement dans son intérêt ; dans ce cas, la victime du vol ne pouvait exiger que l'abandon noxal de l'esclave (1).

L'action *furti* peut être intentée contre le fils de famille, du moment où le père n'eut plus le pouvoir d'en faire l'abandon noxal.

Cette action ne prend pas naissance dans le cas du vol commis par un affranchi, ou un mercenaire au préjudice de son patron ou de son maître (2). Dans les rapports du maître avec son esclave, du père avec son fils, et réciproquement, cette action ne peut pas être exercée davantage à raison du vol commis par les uns au préjudice des autres, car le fils et l'esclave ne forment pas une personne distincte de celle du père ou du maître. L'émancipation du fils, et l'affranchissement de l'esclave survenus postérieurement ne faisaient pas même disparaître cet obstacle. L'action n'avait jamais pris naissance, elle ne pouvait pas être exercée par suite d'un fait postérieur (3).

Il en était de même à l'égard des soustractions commises entre mari et femme. Nerva et Cassius pensaient même qu'on ne pouvait jamais dire à l'égard de la femme qu'elle commettait un vol « quia, societas vitæ, quodammodo dominam eam faceret et propter

(1) L. 61, §§ 5, 6, 7, h. t.
(2) L. 80 h. t.; L. 11, § 1, Dig., De penu.
(3) L. 16, L. 17, p. et § 1, h. t.; L. 4, Dig., De judiciis.

promiscuum usum. » Mais cette doctrine n'avait pas prévalu. Il y a vol : « In veritate furtum est sed lenitate verborum, tristitiam rei mitigamus (1). » Mais à cause du respect dû au mariage, on ne donnait pas pas l'action *furti*, dont le caractère était infamant, mais l'action *rerum amotarum* (2).

Dans ces différents cas, ce sont les relations entre le coupable et la victime qui empêchent l'exercice de l'action *furti*, mais le vol n'en existe pas moins en réalité, et il produit tous ses autres effets. Ainsi la chose soustraite ne pourra pas être usucapée tant qu'elle ne sera pas rentrée aux mains du propriétaire et le complice sera tenu (3).

Dans le cas où le fils de famille possède un pécule *castrans*, il est, quant à ce pécule, considéré comme *paterfamilias* (4), et par conséquent l'action *furti* pourra prendre naissance à raison de la soustraction des biens de cette nature commise par le père, comme aussi le père de son côté pourrait intenter l'action *furti* contre son fils, à raison des soustractions qu'il aurait commises à son préjudice (5). Toutefois le fils ne pouvait intenter contre son père que l'action *utilis*, car, ainsi que nous l'avons dit précédemment, l'action *furti* était infamante ; or il n'était pas permis d'exercer une semblable action contre un père, « ob vinculum pietatis, et reverentiam patri debitam. » Les mêmes

---

(1) L. 20, Dig., Rer. amot.
(2) L. 1, Dig., Rer. amot.
(3) L. 56, § 1, h. t.; Inst., § 12, De oblig. quæ ex delict.
(4) L. 2, Dig., ed S. C. Maced.
(5) L. 52, §§ 5 et 6, h. t.

motifs se rencontraient dans la personne de tous les ascendants et des patrons, vis-à-vis de leurs descendants et affranchis, ils produisaient les mêmes effets (1).

Quantum de l'action *furti*.

Nous avons vu que la loi des Douze Tables punissait de l'addiction et de la mort le voleur manifeste, et le voleur non manifeste d'une peine pécuniaire qui s'élevait au double de la valeur de l'objet dérobé; plus tard, le préteur convertit en une peine pécuniaire s'élevant au quadruple de la valeur, la peine capitale édictée par les décemvirs; les actions *concepti*, *oblati non exhibiti* disparurent, ainsi que le mode solennel de perquisition *lance licioque* (2). Il ne reste donc plus dans la législation de Justinien que la peine pécuniaire du quadruple ou du double suivant que le vol est ou non manifeste.

Nous avons à nous demander quelle est l'unité qui sert de base à la détermination de la peine, ou en d'autres termes, quelle est précisément la valeur, le *simplum*, qui devra ensuite, suivant les circonstances, être multiplié par deux ou par quatre.

Il ne peut pas se présenter de difficulté lorsque le vol a été commis au préjudice d'une personne autre que le propriétaire, car dans ce cas le *simplum* ne peut consister que dans l'intérêt du demandeur. Mais quand il s'agit du propriétaire, on peut se de-

---

(1) L. 1, Dig., De his qui not. inf.; L. 5, Dig. De obseq. parent. et patron. præst.

(2) Inst., § 1, De oblig. quæ ex delict.

mander si l'on devra prendre pour unité la valeur vénale de la chose volée, ou l'intérêt que pouvait avoir le propriétaire à ne pas être dépouillé. Ici encore nous prendrons pour base l'intérêt du demandeur. Dans les deux cas, cet intérêt sera calculé d'après la plus haute valeur que l'objet volé a acquise pour la victime du vol, dans l'intervalle du temps qui s'est écoulé depuis la perpétration du délit jusqu'au jour de la condamnation. « Quia et tunc furtum ejus assidua contrectatione factum esse verius est (1).

Les textes qui présentent des cas d'application de ce principe sont nombreux.

Si l'on a volé à un créancier ses titres de créance, le *simplum* ne se réduit pas à la valeur insignifiante des tables de bois enduites de cire, il se détermine d'après l'intérêt du créancier, qui, suivant les circonstances, peut être égal à la somme portée dans les titres (2).

Quand la personne volée avait promis sous une peine de livrer la chose à un tiers à une époque déterminée, et que le vol rendant la livraison impossible, l'oblige à payer la peine, ce qu'il aura ainsi payé entrera en compte pour le calcul du *simplum* (3).

Quand un esclave volé était institué héritier et que le vol fait perdre à son maître l'héritage auquel il était appelé, la valeur de cet héritage doit figurer dans le *simplum*.

Ainsi en principe c'est l'intérêt du demandeur qui

(1) L. 67, § 2, et L. 9, h. t.
(2) L. 27, h. t.
(3) L. 67, § 1, h. t.

sert d'unité pour le calcul de l'action *furti*. Cependant, lorsque le vol aura été commis au préjudice d'un propriétaire, le *simplum* pourra être basé sur la valeur vénale, lorsque l'intérêt ne sera pas lui-même supérieur à cette valeur. C'est ce qui arrivera lorsque l'esclave volé à un héritier était affranchi, ou légué sous condition. Mais on conçoit qu'il ne peut plus en être ainsi lorsque le vol atteint toute autre personne que le propriétaire : dans ce cas on ne peut prendre pour base que l'intérêt même du lesé. « Tunc sola utilitas æstimationem facit (1). »

Plusieurs interprètes ont pensé à tort que la loi 50, *h. t.*, donnait une décision contraire à celles que nous venons de présenter et qu'Ulpien prétendait déterminer le *simplum*, non d'après le *quod interest*, mais dans tous les cas en se basant sur la valeur vénale, *rerum rei pretium*. Telle n'est pas la pensée de ce jurisconsulte de qui émane pareillement la loi 52, *h. t.*, que nous avons citée à l'appui de notre doctrine. La loi 50, en effet, n'a pas tant pour objet de déterminer en principe la valeur qui doit être prise comme unité que d'examiner les variations qu'elle peut subir. Ce qui a pu causer cette erreur, c'est que le jurisconsulte raisonne dans l'hypothèse où l'intérêt est identique à la valeur vénale, mais où un changement survenu postérieurement à la chose, a diminué sa valeur. Ceci posé, voici sa pensée et en même temps l'explication de la loi. Si la valeur que l'on pouvait réclamer à l'époque du vol est, par la suite, diminuée ou tout à fait anéantie,

____

(1) L. 80, § 1, h. t.

la somme à fixer par jugement ne doit pas être moindre que la valeur vénale, quoique l'intérêt du demandeur soit à ce jour moins considérable; mais si cette valeur a augmenté, la somme doit être plus forte (1).

A l'égard du créancier gagiste, la base d'après laquelle doit être déterminée la condamnation n'est pas toujours la même.

Si le vol a été commis par le débiteur, le créancier obtiendra, au moyen de l'action *furti*, le double ou le quadruple de sa créance, quand même le débiteur serait solvable, « quia plus cautionis est in re quam in persona (2), » et ce qu'il aura ainsi obtenu, il le gardera sans l'imputer sur sa créance (3).

Si le vol a été commis par un tiers, et que le créancier soit en faute, le débiteur pourra lui opposer la compensation, et réclamer l'excédant de valeur du gage ou, s'il le préfère, il a le choix de payer sa dette et de réclamer ensuite au moyen de l'action *pigneratitia directa* la chose qu'il avait donnée en gage : le créancier pourra alors agir contre le voleur *in summam pignoris*, car il est intéressé à sa conservation (4).

Mais si le créancier n'est pas en faute, comme il n'a alors d'autre intérêt que la conservation de sa créance, il agira *in summam debiti*, et si la chose donnée engage à une valeur supérieure, le débiteur agira *in residuum* (5).

Dans tous les cas où le vol a été commis par un

(1) M. de Savigny. *Traité de droit romain*, t. 3, app. 1 2,6.
(2) L. 25, De reg. jur.
(3) L. 87, h. t.; L. 71, Dig., De solut.
(4) L. 13, p.; L. 87, h. t.
(5) L. 11, § 6, et 16, § 1, h. t.

tiers, le créancier gagiste doit imputer sur sa créance ce qu'il a reçu, et s'il y a un excédant, le restituer au débiteur ou, s'il le préfère, il lui remettra directement tout ce qu'il aura obtenu du voleur, et réclamera ensuite le montant de sa créance (1).

A l'égard du commodataire, les anciens jurisconsultes hésitaient à donner la même décision; Justinien a décidé que le commodataire garderait pour lui le bénéfice de cette action, et que jamais il ne serait tenu de restituer au propriétaire ce que le voleur lui aurait donné (2).

La peine du vol est aussi sévère contre les complices que contre le voleur lui-même. Il faut remarquer cependant que la peine du vol manifeste ne peut jamais leur être appliquée (3).

§ 2. *Action criminelle.*

La partie lésée avait le choix d'intenter l'action *furti* ou l'action criminelle, mais elle ne pouvait jamais les exercer conjointement, et dès qu'elle intente l'action criminelle et qu'elle a ainsi obtenu le *simplum*, elle ne peut plus exercer aucune action civile (4).

L'exercice de l'action criminelle est subordonné au préliminaire de la *subscriptio in crimen*, formalité par laquelle le dénonciateur se soumet aux peines du talion si l'action est jugée calomnieuse; ce n'est pas cepen-

(1) L. 22, p., Dig., De pignerat. act.; L. 15, h. t.
(2) L. 22, § 3, Cod., De furt. et serv. corrupt.
(3) L. 51, h. t.
(4) L. 50, § 1, h. t.

dant qu'il y ait là un *judicium publicum*, c'est simplement pour réprimer la témérité des plaideurs (1).

L'action criminelle n'est pas portée, comme l'action *furti*, devant le juge désigné par le magistrat, mais c'est le magistrat qui prononce lui-même *extra ordinem*. C'était à Rome le préfet des gardes de nuit, et dans les provinces le président (2).

Cette action a presque toujours pour résultat une peine corporelle qui consiste, soit dans la fustigation, soit dans l'amputation de la main. Justinien défendit d'infliger pour le vol simple la peine de mort ou les mutilations (3).

L'action criminelle finit par remplacer presque entièrement l'action *furti*, ainsi que nous l'atteste Ulpien : « Nunc furti plerumque criminaliter agi (4). »

Actions *rei persecutoriæ*.

Les actions au moyen desquelles la victime du vol obtiendra le recouvrement de sa chose sont la *rei vindicatio* et la *conditio furtiva*.

§ I". *Rei vindicatio, et action ad exhibendum*.

La *rei vindicatio* est l'action qui appartient à tout propriétaire qui réclame sa chose, de quelque possesseur et pour quelque cause que ce soit (5).

---

(1) L. 92, h. t.; L. 3, Dig., De privat. delict.
(2) L. 3, § 1, Dig., De off. præf. Vigil.; L. 13, p. Dig., De off. præf.
(3) Nov. 134, cap. ult.
(4) L. 92, h. t.
(5) L. 23, p., Dig., De oblig. et act.

Elle est précédée et préparée par l'action *ad exhiben-dum* qui appartient à tous ceux qui veulent intenter une action *in rem*, afin que la chose étant exhibée puisse être désignée avec précision, et ainsi désignée être revendiquée (1).

Ces actions ne naissent pas du vol, et le lésé ne les invoque que comme propriétaire de la chose dont le voleur a la possession, ou qu'il a cessé de posséder *malâ fide*.

§ 2. *Condictio furtiva.*

La *condictio furtiva* est une action personnelle qui se donne contre le voleur, non pas parce qu'il est possesseur de la chose, mais parce qu'il est obligé *maleficio furti*.

En principe, l'action réelle *rei vindicatio* et l'action personnelle *condictio* ne peuvent appartenir à la même personne, puisqu'on ne peut avoir à la fois, sur la même chose, un droit de propriété et un droit de créance ; mais c'est *odio furum*, et afin qu'ils soient tenus plus énergiquement, que cette exception aux principes a été admise (2).

La *condictio furtiva* appartient au maître de la chose volée (3) et elle s'évanouit dès que par son fait il en a perdu la propriété (4). A la différence de la *rei vindicatio*, elle ne se donne pas à tout propriétaire, mais

---

(1) L. 3, § 5, Dig., *Ad exhib.*
(2) G., Com. 4, § 1 ; Inst., § 11, *De action.*
(3) L. 11, § 10, h. t.; L. 1, Dig., *De cond. furt.*
(4) L. 10, § 2 et 3; L. 12, pr. et § 1, *De cond. furt.*

à celui-là seul à qui la chose a été enlevée (1). Toute autre personne que le propriétaire ne peut exercer que la *condictio incerti* (2). La *condictio furtiva* appartient aussi à l'héritier du propriétaire de la chose volée, pourvu toutefois qu'il en ait lui-même conservé la propriété (3).

La revendication, au contraire, appartient au propriétaire en cette qualité seule, indépendamment du titre d'héritier.

Cette action se donne contre le voleur, et si plusieurs se sont réunis pour commettre le vol, ils sont tenus chacun pour le tout, de telle sorte cependant que le payement effectué par l'un d'eux libérera les autres, à moins qu'il ne s'agisse de plusieurs vols successifs, cas auquel la *condictio* compéterait au maître pour le tout contre chacun des voleurs (4). Si le voleur est mort avant que l'action n'ait été intentée contre lui, elle pourra être exercée contre ses héritiers, « quia habet rei persecutionem (5). »

Il importe peu que la chose volée se trouve encore entre les mains du voleur ou qu'elle ait cessé de lui appartenir même sans faute de sa part; la condiction pourra toujours être exercée contre lui, sans qu'il y ait besoin d'examiner comment la chose a péri, car le voleur étant toujours *in mora* répond même des cas fortuits. Elle est ainsi plus avantageuse que la *rei vindicatio* (6).

(1) L. 11, *De cond. furt.*
(2) L. 12, § 2, *De cond. furt.*
(3) L. 10, § 3, et L. 11, *De cond. furt.*
(4) L. 1, Cod., *De cond. furt.*; L. 76, § 1, h. t.
(5) L. 7, § 2, Dig., *De cond. furt.*
(6) L. 8, p., Dig., *De cond. furt.*

Le complice du voleur, qui est tenu comme lui de l'action *furti*, ne sera cependant pas tenu de la *condictio furtiva*, à moins que la chose volée ne soit entre ses mains (1).

Le père de famille et le maître ne sont tenus de la condiction pour le vol commis par leur esclave ou par leur fils que jusqu'à concurrence du profit qu'ils en ont retiré. Pour le surplus, le maître pourra faire l'abandon noxal de son esclave; le fils de famille peut être actionné directement (2).

On obtient au moyen de la condiction la chose même, ou sa valeur *cum omni causa sua*. Si, par exemple, une hérédité avait été léguée à un esclave, et que par suite du vol le maître ait perdu le bénéfice de son institution, la valeur de cet héritage sera réclamée par le moyen de cette action : « Id venire in conditionem certum est, quod intersit agentis (3). »

Si la chose n'existe plus, ou qu'elle soit détériorée, le voleur devra en fournir l'estimation basée sur la plus haute valeur qu'elle a atteinte depuis le vol (4).

Le maître, en recouvrant sa chose, ne doit pas rembourser au voleur les sommes qu'il a dépensées pour elle; il peut même demander que, dans la restitution qu'on lui en fait, soient comprises les améliorations dont elle a été l'objet, bien qu'elles aient été faites par le voleur (5).

(1) L. 6, Dig. De cond. furt.
(2) L. 4 et 5, Dig., De cond. furt.
(3) L. 5, Dig., De cond. furt.
(4) L. 8, Dig., De cond. furt.
(5) L. 52, § 11, h. t.; L. 13, Dig., De cond. fort.

Dès que le propriétaire a recouvré la possession de la chose, cette action cesse de pouvoir être exercée (1); elle ne se donne pas au cas de vol d'une personne libre (2).

(1) L. 10, Dig., *De cond. furt.*
(2) L. 38, § 1, *h. t.*

DROIT FRANÇAIS.

DE LA TENTATIVE EN MATIÈRE CRIMINELLE ET CORRECTIONNELLE.

« Aliud est crimen, aliud conatus, hic
in itinere, aliud in meta est. »

(Victor.)

NOTIONS PRÉLIMINAIRES.

Tout acte de l'homme est produit par l'action de
son intelligence et de sa volonté; il prend naissance
dans le foyer mystérieux de ses facultés morales; d'a-
bord pensée vague, désir incertain, sans but déterminé,
il prend un corps, grandit et se fortifie sous l'action
incessante de la pensée. Bientôt c'est un projet, une
résolution arrêtée, l'agent en a envisagé toutes les
conséquences, il a calculé les bénéfices, les jouissances

illicites qu'il en retirerait ; il va préparer les moyens de l'accomplir.

Ici s'arrête la première période : aux actes purement internes vont succéder les actes extérieurs.

Sans doute il arrivera fréquemment, principalement dans les cas exempts de préméditation, que l'acte interne n'aura pas suivi la progression rationnelle dont nous venons de tracer l'analyse, ou que la succession de ces différents actes aura été tellement rapide, qu'il ne sera pas possible à l'esprit humain de les discerner. Mais il n'en est pas moins vrai qu'un acte extérieur n'est jamais un acte isolé, existant par lui-même, et que l'action volontaire la plus instantanée est toujours précédée par l'acte de l'aperception, et le mouvement de la volonté.

Avec la deuxième période, nous entrons dans le domaine des actes extérieurs. L'agent, après avoir conçu et arrêté sa résolution criminelle, la manifeste au dehors. Il s'entoure de personnes sûres, d'affidés, de complices ; il examine les lieux, recueille les habitudes des personnes, en même temps il se procure et prépare les armes et les instruments nécessaires à l'accomplissement de ses criminels desseins. Le moment d'agir est venu : les renseignements réunis, les complices assemblés, les instruments disposés, le plan d'attaque concerté, tout est prêt pour l'exécution.

Ces actes qui précèdent l'exécution de la pensée criminelle, qui la préparent et la facilitent, ne la commencent pas encore. Arrêtons ici l'auteur de ces préparatifs, il n'a rien fait de matériel et de direct contre le droit qu'il voulait attaquer. A la vérité, le droit général de sûreté et de sécurité peut avoir déjà reçu des atteintes plus ou moins graves ; mais le droit spécial dont la violation constitue le but direct du crime est encore dans toute son intégrité.

Ce but même nous est encore inconnu et les actes préparatoires ne peuvent nous le faire connaître : car d'abord, il est possible que l'agent ait fait ces actes dans le seul but de les faire, pour en obtenir les résultats immédiats et directs, sans les rapporter comme moyens à un but ultérieur. Et en second lieu, quand bien même en les accomplissant il se serait proposé un but ultérieur, ils ne peuvent en révéler le caractère particulier, car presque toujours ils peuvent servir à deux fins ; toujours ils peuvent s'expliquer de différentes manières ; leur liaison avec une résolution criminelle n'est pas nécessaire ; ils peuvent en être les effets, comme aussi d'un projet irréprochable, et ce ne serait que par une inférence que rien ne légitimerait, au moyen de conjectures hasardées, qu'on pourrait, au moins dans la plupart des cas, établir le rapport de ces actes à un fait ultérieur qu'ils ne révèlent pas suffisamment par eux-mêmes.

Au contraire, les actes d'exécution qui ouvrent la troisième période nous révèlent pleinement, dans la plupart des cas, la volonté de l'agent et le but vers lequel il tend ; car ils sont dans un rapport intime avec le droit spécial que l'agent veut fouler aux pieds. Ils portent à ce droit une atteinte immédiate, ils s'attaquent directement à lui. Jusque-là, pour nous servir d'une expression employée par les criminalistes, le délit était commencé *subjective* mais non *objective* :

dès ce moment il est commencé même *objective*. Ces actes constituent la tentative.

Il sera souvent difficile de tracer la limite précise qui sépare le commencement d'exécution des actes simplement préparatoires, il sera difficile aussi de déterminer quand cesse la tentative et à quel moment précis le délit est consommé; le doute encore peut subsister sur les intentions de l'agent, en présence de certains actes qui peuvent être à la fois l'exécution complète d'un délit *sui generis* et le commencement d'exécution d'un autre délit. Ces questions ne peuvent être invariablement résolues *à priori*, elles sont abandonnées à la sagesse des tribunaux qui doivent examiner, pour former leur conviction, l'ensemble des circonstances qui accompagnent les faits incriminés. Tout ce que nous pouvons dire, c'est que l'acte préparatoire est celui qui est fait en vue du crime pour le préparer et le faciliter, et que l'acte d'exécution est celui par lequel on met la main au crime.

La tentative peut être susceptible de plusieurs degrés, suivant qu'elle a été poussée plus ou moins près de l'acte final. L'agent a pénétré dans l'appartement où se trouve l'or qu'il veut dérober, il a ouvert le coffre-fort, il tient dans sa main l'objet de sa convoitise. Le déplacement de l'or, voilà une tentative bien prochaine du délit de vol, mais le délit n'est pas consommé : l'agent peut, saisi par la crainte ou le repentir, replacer dans le coffre l'or qu'il tenait dans sa main ; il peut aussi se présenter une circonstance étrangère indépendante de la volonté de l'agent qui l'empêche de consommer le délit, par exemple il aura été surpris et arrêté au cours des actes d'exécution.

La tentative inachevée revêt deux caractères différents de criminalité, suivant qu'elle a été suspendue par le désistement volontaire de son auteur, ou par des circonstances indépendantes de sa volonté.

Enfin, et ici nous entrons dans une quatrième période, la tentative est achevée, mais elle n'a pas produit les effets que l'agent en attendait, soit que le crime fût matériellement, radicalement impossible, soit que les moyens employés n'aient pas été en rapport avec le but que l'agent se proposait, soit encore par suite d'un hasard heureux; ainsi un individu décharge une arme à feu sur celui qu'il voulait tuer, mais la balle n'atteint pas la personne ou ne la blesse que légèrement. L'agent a fait ici tout ce qui dépendait de lui pour arriver au résultat définitif, mais il n'a pas réussi. Le crime est consommé *subjective*, mais non *objective* : c'est un crime manqué.

Actes internes, actes extérieurs simplement préparatoires, tentative suspendue par la volonté de l'agent ou indépendamment de sa volonté, délit manqué : telles sont les phases diverses à travers lesquelles l'action se déroule pour arriver à l'acte final; la réalisation de la pensée criminelle. Ce sont aussi les seules que le criminaliste puisse déterminer avec assez de certitude pour y fonder les bases de la criminalité de l'agent.

Nous examinerons relativement à chacune d'elles, en nous plaçant au point de vue des principes fonda-

mentaux de la justice et de la raison, quel est le degré
de criminalité de l'agent. Entrant ensuite dans l'exa-
men de la législation positive, nous étudierons les dispositions des art. 2 et 3 du Code pénal, relatifs aux
tentatives de crime et de délit, et divers cas d'exception contenus dans différents articles du même Code.

PREMIÈRE PARTIE.

CHAPITRE I.

ACTES INTERNES.

Les actes internes ne sont pas du ressort de la justice humaine, ils ne relèvent que de la justice de Dieu.

La justice des hommes n'a pas le droit de les punir, et elle n'en a pas les moyens.

Elle n'en a pas le droit, car de tels actes ne sauraient ni affecter ni compromettre les intérêts sociaux ; pas de trouble, pas d'alarme, partant pas d'intérêt. Elle n'en a pas le moyen, car elle est impuissante à saisir les preuves de leur existence et à les constater. Naturellement imparfaite et bornée, elle est forcée, pour obtenir la certitude, de s'appuyer sur des faits matériels propres à produire la conviction. Sans le secours des actes extérieurs, il ne lui est pas possible de remonter jusqu'à l'acte interne, la pensée criminelle, de le connaître, de l'apprécier, de le définir, de formuler un jugement qui ne serait pas basé sur des conjectures vaines et hasardées. Et, à supposer même que, par un moyen légitime quelconque, la justice humaine ait acquis la connaissance d'une résolution criminelle, il se présente encore une impossibilité : en effet, comment atteindre un acte aussi incertain, aussi fugitif, qui, arrêté aujourd'hui, peut être abandonné demain ? comment avoir la preuve de son existence au moment où l'on prétend l'incriminer ? L'acte extérieur seul, en lui donnant un corps, en attestant son existence, permet à la justice de le saisir.

Les actes internes ne sont donc pas punissables parce que le mal purement moral qu'ils produisent ne trouble pas l'ordre social, qu'une punition juste en est impossible, et qu'elle serait attentatoire à la sûreté des citoyens.

CHAPITRE II.

ACTES EXTÉRIEURS SIMPLEMENT PRÉPARATOIRES.

Le crime est le résultat d'un fait interne qui est la cause et d'un fait extérieur qui en est l'effet.

C'est par inférence, par induction, en procédant du connu à l'inconnu, du fait matériel et sensible au fait interne, que l'homme parvient à la connaissance de ce qui s'est passé dans le moi de son semblable et qu'il peut prononcer avec certitude un jugement sur sa moralité. Mais pour qu'il naisse une conviction qui permette au juge de se prononcer sûrement, il faut des faits matériels ayant avec la résolution criminelle des rapports tellement intimes, tellement directs et immédiats, qu'ils ne laissent pas au doute la liberté de se produire. Or les actes dont nous nous occupons maintenant ne portent pas en eux ce caractère. Nous savons au contraire combien il est difficile, en suivant le procédé d'induction, qui est celui de toute bonne justice, d'arriver par eux à la connaissance de la résolution criminelle. Nous avons dit qu'on ne peut les rattacher à un projet de crime qu'à l'aide de présomptions et de conjectures hasardées, car ils ne portent pas en eux la preuve de la criminalité de leur auteur.

Aussi, en général, les actes préparatoires ne doivent pas être atteints par la loi pénale, parce qu'ils sont une base trop fragile pour l'imputation de la résolution criminelle, parce que la loi qui incriminerait de tels actes produirait ce résultat fâcheux pour la société d'engager l'agent à les couvrir du voile le plus épais, et parce qu'en fermant la porte au repentir, elle précipiterait les criminels vers leur but.

Cependant, comme de tels actes peuvent, dans certains cas, porter une attaque sérieuse à la sûreté publique ou particulière, et comme ce sont là des actes extérieurs qui, sans indiquer clairement le dessein criminel de leur auteur, donnent cependant quelque prise à l'induction, il en résulte que la société peut avoir dans certains cas et le droit et le moyen de les punir. Elle pourra les incriminer d'abord en leur qualité d'actes préparatoires du crime dont il faudra prouver qu'ils préparent l'exécution : particulièrement lorsqu'ils se réfèrent à des crimes graves et dangereux ; mais on ne devra les frapper alors que d'une peine bien inférieure à celle du crime consommé. Tels sont les actes préparatoires du crime de complot ou de haute trahison, lesquels offrent ceci de particulier que si, pour les réprimer, on attend le commencement d'exécution, il est souvent trop tard pour mettre l'ordre public à l'abri de dangereuses attaques. C'est ce principe que Caton formulait en ces termes devant le sénat romain, assemblé pour s'opposer aux desseins de Catilina et de ses complices : « Nam cætera tum persequare ubi facta sunt ; hoc nisi provideris ne accidat, ubi evenit, frustra judicia implores (1). »

Les actes préparatoires peuvent encore, envisagés sous un point de vue plus général et abstraction faite de la pensée criminelle dont ils préparent l'exécution, être incriminés comme moyens occasionnels, faciles et dangereux de crime, comme actes attentatoires à la sûreté publique. Ils constituent alors par eux-mêmes, indépendamment du crime auquel ils se réfèrent, un délit prévu et réprimé par la loi. Tels sont : le port de certaines armes, le vagabondage, la mendicité, les amas de poudre de guerre, les attroupements, les maisons de jeu et de prostitution, la contrefaçon ou l'altération des monnaies.

(1) Sall., *Bell. Catil.*, n° LII.

CHAPITRE III.

ACTES D'EXÉCUTION.

La pensée criminelle conçue et arrêtée, les actes préparatoires achevés, nous abordons les actes dont l'ensemble concourt à l'exécution matérielle du crime.

C'est par eux que l'agent manifeste sa résolution. Le but vers lequel il tend n'est plus incertain. Il s'attaque directement à un droit spécial et particulier; l'exécution est commencée, et nous disons qu'il y a tentative d'un crime déterminé.

Que l'agent s'arrête à ce moment comme il a la possibilité de le faire jusqu'à sa consommation, il n'en reste pas moins vrai que par des actes matériels il a révélé sa résolution criminelle, laquelle n'est plus incertaine pour nous, qu'il a méconnu, en lui portant atteinte, un des droits de la société, et que la société a le droit de le punir.

Deux caractères essentiels constituent la tentative punissable : un commencement d'exécution des actes constituant dans leur ensemble le mal matériel que l'agent voulait produire, et la possibilité de suspendre volontairement cette exécution. Lorsque cette faculté aura cessé, la tentative n'existera plus, et le crime sera consommé.

La tentative peut avoir été suspendue par le désistement volontaire de l'auteur, ou par des circonstances indépendantes de sa volonté. Dans les deux sections suivantes, nous nous occuperons de déterminer pour chacun de ces cas le degré de la culpabilité de l'agent.

SECTION I.

De la tentative suspendue par le désistement volontaire de l'auteur.

Il ne nous appartient pas, et nous n'avons pas besoin de rechercher les motifs qui ont détourné l'agent de l'accomplissement de la tentative ; repentir sincère, crainte des châtiments, exécution complétement abandonnée ou différée seulement pour un temps, nous l'ignorons, et nous ne pouvons pas sonder les consciences, et apprécier la cause déterminante de cette résolution.

Mais ce qui est constant et positif, ce que les faits matériels nous révèlent, c'est que l'agent a abandonné volontairement son projet, qu'il n'a pas persisté dans sa pensée criminelle, qu'il a changé de volonté, et ce fait est tout entier à sa décharge. Toutefois, à supposer même qu'un repentir sincère ait en cette circonstance dicté sa conduite, il n'en reste pas moins vrai que les actes antérieurs ont été commis, qu'ils existent, que le crime a été commencé, et comme, d'après les règles de la justice sociale, le repentir ne saurait suffire pour effacer le caractère criminel de ces actes, il est dû un châtiment ; le juge peut seulement modérer la peine.

Mais, à côté de ces principes, vient se placer un intérêt puissant, celui de la société qui réclame impérieusement l'absolution pleine et entière du coupable. Il importe, en effet, à la société et aux individus d'arrêter le crime dans son cours, et de favoriser le désistement volontaire. Le moyen le plus efficace pour faire entrer l'auteur de la tentative dans cette voie, ce sera de lui assurer l'impunité des actes qui ont commencé l'exécution du crime s'il renonce à les continuer.

Remarquons au surplus que la tentative ainsi volontairement interrompue a produit peu ou point d'alarme dans la société, qu'elle est peut-être même restée ignorée de celui contre qui elle a été dirigée, que ces faits ainsi incomplets sont d'une appréciation difficile et offrent des chances nombreuses d'inexactitude et d'erreur.

Peut-être même l'abandon spontané de la résolution criminelle a-t-il été provoqué par un sentiment d'honneur qui s'est soudain rallumé au fond du cœur du coupable, et la sanction pénale par laquelle la loi flétrirait les actes précédemment commis pourrait avoir pour effet de le précipiter dans le crime, en lui faisant sentir que son honneur est déjà perdu.

Ainsi, c'est au nom de l'utilité sociale que nous déciderons que la tentative volontairement interrompue ne doit pas tomber sous le coup de la loi pénale. C'est par des motifs d'intérêt général que nous accorderons l'impunité. C'est une amnistie pour cause d'utilité publique.

Il reste bien entendu que si les faits accomplis constituent par eux-mêmes un délit *sui generis*, le désistement volontaire n'a pas le pouvoir d'empêcher la punition de ce délit particulier déjà commis. « Nemo enim tali peccato pœnitentia sua nocens esse desiit(1). »

SECTION II.

Tentative suspendue par des circonstances indépendantes de la volonté de son auteur.

Nous ne pouvons nous laisser guider par les mêmes motifs lorsque la tentative n'a été arrêtée dans son cours que par des circonstances indépendantes de la volonté de son auteur. Rien ici ne vient à la décharge du coupable. Les faits nous ont dévoilé sa résolution ; sa criminalité ne reçoit pas même l'atténuation d'un repentir tardif. Le crime a été empêché par un hasard heureux que ni le délinquant ni la société ne pouvaient prévoir. Il était dans l'ordre naturel des choses qu'il réussît. Il y a là pour la société un danger grave, imminent; une cause légitime d'alarme, elle a le droit et le devoir de punir.

La question devient plus délicate lorsque nous arrivons à nous demander quelle peine doit être infligée. Cependant nous n'hésitons pas à déclarer tout d'abord que dans aucun cas la tentative inachevée ne doit être punie des mêmes peines que le crime consommé ; nous n'hésitons pas davantage à proclamer la fausseté du raisonnement en vertu duquel on prétend justifier cette monstrueuse assimilation entre deux faits si dif-

(1) L. 65, Dig., *De furtis.*

férents. « L'agent, a-t-on dit, avait résolu le crime, il a commencé à l'exécuter, il avait l'intention de persévérer, l'avenir ne lui appartient plus. Peu importe que des circonstances étrangères aient arrêté son bras : moralement, sa culpabilité existe tout entière, il doit supporter la peine du crime consommé. Ce raisonnement repose sur une fausse induction. De ce que l'exécution commencée n'a été interrompue que par une circonstance accidentelle, on veut conclure que l'agent est aussi coupable que s'il avait consommé le crime, parce qu'on lui en suppose l'intention. Nous n'avons pas le droit de tirer une pareille conséquence de cette supposition. Dieu sans doute peut compter chacun des degrés de la perversité humaine, il peut dire à l'agent : « Tu aurais persévéré ; ton âme était fermée au repentir ; » mais à nous, l'avenir est inconnu. L'intention de l'agent ne nous est révélée que par ses actes, et dès que cessent les faits matériels qui nous éclairaient, l'obscurité se fait dans notre âme, nous sommes contraints de nous arrêter, : et comment alors affirmer que ce qui n'a pas été sera ou aurait été ? comment dire que le coupable aurait persévéré ? Est-ce que jusqu'au dernier moment il ne pouvait pas se repentir ? est-ce que jusqu'à l'acte final de la tentative, jusqu'à l'instant qui précède immédiatement la consommation du crime il ne pouvait pas s'arrêter ? Mais au contraire il est nécessairement dans la nature de la tentative de pouvoir être à chaque instant interrompue par la volonté de l'agent.

On objectera qu'à mesure que l'agent est plus près de l'acte final, les probabilités de désistement volontaire s'affaiblissent. C'est possible dans quelques cas ; mais, en général, il serait peut-être plus juste de faire le raisonnement contraire, et de dire que la résolution du coupable devient plus chancelante, plus hésitante à mesure qu'il envisage de plus près l'horreur du crime et la sévérité du châtiment.

Ainsi, toute la partie de l'imputation qui dépasse l'instant de la suspension de la tentative, est une imputation hasardée, et ce raisonnement conduit tout droit à punir la pensée par conjecture.

Aussi nous pensons qu'une loi qui punit la tentative inachevée à l'égal du crime consommé, n'est ni juste ni utile ; elle procède contre la conscience publique, contre les principes fondamentaux et les règles les plus ordinaires de l'imputabilité. « Nous pensons, dit M. Rossi, que le sens commun et la conscience publique ont constamment tenu le même langage. Le délit n'a pas été consommé, donc la punition doit être moindre. Nous croyons que le public ne partage pas l'opinion qui fait monter également sur l'échafaud l'assassin dont la victime gît dans la tombe et celui dont la victime désignée, grâce à l'interruption de la tentative, se trouve peut-être au nombre des spectateurs de son supplice. »

La Cour d'appel de Rennes, dans les observations qu'elle a présentées sur le projet du Code pénal, s'exprime en ces termes sur cette question : « Quelque aggravantes que l'on puisse imaginer les circonstances du crime, la société a moins à s'en plaindre lorsqu'il n'y a pas eu de sang répandu que lorsqu'elle a perdu par le crime même un des membres qui la composent.

En ce dernier cas, le crime est consommé ; il ne l'est point dans l'autre, et quoiqu'on puisse dire qu'il l'était dans la volonté manifeste du coupable, toujours est-il vrai que la consommation réelle du crime laisse bien loin derrière elle toute l'atrocité imaginable des tentatives. »

C'est là un sentiment naturel. Le crime, en effet, participe de la double nature de l'homme ; il n'existe que par le concours de sa volonté, avec l'acte matériel qui renferme la violation de la loi, il blesse à la fois et l'ordre moral et l'ordre physique. Le résultat final, le mal obtenu en est un élément constitutif ; il doit entrer dans le calcul de la culpabilité, car sans lui le crime est incomplet. Or, dans la tentative, ce dernier élément, le mal final ne se rencontre pas, la violation de la loi n'est pas complète, et il paraît évident qu'on ne peut sans injustice frapper de la même peine le fait complet et le fait incomplet, égaler la partie au tout, et la tentative au crime consommé. Comme aussi on ne peut imputer à l'agent un acte qu'il n'a pas commis, un événement qui n'est pas arrivé ; car enfin, le dommage réel n'a pas été produit, le péril social n'a été que secondaire, le coupable n'a pas obtenu les jouissances criminelles, les profits illégitimes qu'il espérait du crime, et qu'il aurait dû expier par la peine.

Nous devons aussi tenir compte de la possibilité du repentir, puisque nous ne connaissons pas la pensée tout entière de l'auteur de la tentative.

En fin d'analyse, nous arrivons à ce résultat que le mal matériel n'est pas produit, que nous n'avons pas la certitude que le mal moral lui-même soit complet, et nous devons en conclure que la justice la plus sévère demande un abaissement de peine correspondant à l'abaissement de la criminalité.

Le principe d'utilité même, bien loin de demander l'égalité de la peine entre le crime consommé et la tentative, réclame impérieusement le contraire. « Il est de l'intérêt même de la société, a dit un savant magistrat (1), d'échelonner les châtiments, car il est de son intérêt de prévenir les crimes. Les châtiments gradués sont comme des barrières qui s'élèvent incessamment devant les pas du coupable : il a franchi la première, mais à chaque pas une peine plus terrible le menace ; ses craintes toujours croissantes peuvent l'arrêter, et laisser inachevé le crime qu'il avait projeté. » Si, en effet, dès les premiers pas dans la voie du crime, l'agent s'est rendu digne des plus sévères châtiments ; si la succession des actes criminels, l'accomplissement de son forfait ne lui présentent pas la crainte d'une peine plus terrible ; lorsqu'un événement imprévu viendra l'arrêter, suspendre son action, le laisser en présence de sa faiblesse, lui inspirer la crainte et provoquer ses réflexions, les rigueurs inflexibles de la loi seront pour lui le stimulant d'un aiguillon puissant, et la voix du repentir sera étouffée dans son âme par le cri du désespoir.

Tels sont les principes que, dès le xviiie siècle, Beccaria proclamait dans son savant *Traité des délits et des peines.* » Quoique les lois, disait ce publiciste, ne puissent pas punir l'intention, ce n'est pas à dire pour

____

(1) M. Faustin Hélie, *Traité du Droit pénal.*

cela qu'une action par laquelle on commence un délit, et qui marque la volonté de l'exécuter, ne mérite aucune peine, quoique moindre que celle qui est décernée contre le crime mis à exécution. Une peine est nécessaire, parce qu'il est important de prévenir même les premières tentatives des crimes. Mais comme entre ces tentatives et l'exécution il peut y avoir un intervalle de temps, il est bon de réserver une peine plus grande au crime consommé, pour laisser à celui qui a commencé le crime quelques motifs qui le détournent de l'achever. »

Ajoutons enfin qu'il serait à craindre que la trop grande sévérité de la loi, la disproportion qu'elle édicterait entre la faute et le châtiment en soumettant au même niveau la tentative et le crime consommé, ne conduise à l'impunité, les jurés ne pouvant pas fermer l'oreille à la voix de la justice et de l'humanité.

Filangieri a soutenu (1) cependant que la tentative doit être punie comme le crime consommé. Suivant ce publiciste, le coupable de tentative a montré toute sa perversité, et la société en a reçu le funeste exemple. Or la peine ayant pour but de maintenir la sûreté publique et d'offrir un exemple, et ces deux motifs de punir se rencontrant dans le fait de l'agent quel que soit le succès, la peine entière doit être infligée.

Nous n'insisterons pas sur la fausseté de cette doctrine que nous avons déjà combattue. Il nous suffira de rappeler qu'il n'est pas exact de dire que le coupable de tentative a montré toute sa perversité puisque

<hr>

(1) Science de la législation.

nous ignorons précisément, dès l'interruption des actes
matériels, quelle était la pensée de l'agent et quelle
aurait été pour l'avenir la nature de ses actes, que le
mauvais exemple donné par une tentative interrompue
est infiniment moins dangereux pour la société que
celui que présente la consommation du crime, et que
la conscience publique proteste contre une telle assimilation.

Sans doute la peine est instituée pour la protection
de la sûreté publique, et elle doit être exemplaire ;
mais elle ne peut pas dépasser de justes limites, sous
peine de jeter par son excès même le trouble et l'a-
larme dans la société, et d'inspirer pour le coupable
la pitié et la commisération.

La doctrine que nous venons de présenter a été sou-
tenue et développée par les plus éminents criminalistes français et étrangers. Qu'il nous soit permis de
citer les noms de MM. Carnot, Rossi, Faustin Hélie,
et d'un de nos honorables professeurs M. Ortolan ; en
Allemagne, Feuerbach, *Traité de droit pénal* ; Weber,
Archives du droit criminel, et Bauer, *Motifs du projet
du Code pénal de Hanovre* ; en Italie, Beccaria et Car-
mignani.

Quant à la distribution de la peine d'après les différents degrés de criminalité qu'a revêtus la tentative,
selon qu'elle a été poussée plus ou moins près de
l'acte final, le législateur peut, après avoir posé le
principe en règle générale, s'en remettre pour l'application dans chaque cas particulier au pouvoir dis-
crétionnaire du juge. Il peut aussi établir par avance
une certaine gradation, déterminer lui-même diffé-

rents degrés que le juge devra observer dans chaque affaire, et auxquels il fera l'application de la pénalité édictée dans chacun des cas prévus.

Une des conséquence des principes que nous avons admis, c'est que la société n'a qu'un très-faible intérêt à la punition de la tentative de certains délits peu importants où il n'y a pas de mal positif produit, et où tout se borne à un danger, à une alarme proportionnée à l'exiguïté du fait. Il est même très-difficile, dans la plupart des cas, de déterminer le caractère de ces actes et d'en faire ressortir la criminalité. Nous dirons donc qu'en règle générale, et sauf dans quelques cas spéciaux où le péril est plus appréciable et où les preuves plus faciles à produire justifient la criminalité, la tentative d'un délit ou d'une contravention ne doit faire la matière d'aucune poursuite. « In levibus delictis, non puniri affectum seu conatum, effectu non sequuto (1). »

CHAPITRE IV.

DU CRIME MANQUÉ.

Il nous reste à examiner une question très-délicate, qui a plus d'un point d'analogie avec celle que nous venons d'exposer.

Lorsque l'agent a fait tout ce qui dépendait de lui

(1 Farinacius, quæst. 124, n° 58.

pour l'exécution du crime, la tentative est achevée ; plus de désistement, plus de repentir possibles. Dès lors nous pouvons apprécier tout entière la résolution du coupable, elle a reçu tout son développement ; sa perversité nous est révélée dans toute sa gravité. Ni les menaces de la loi, ni les cris de sa conscience, ni la pitié n'ont arrêté son bras. Mais le résultat a trompé ses espérances, un hasard heureux a protégé la victime, le crime consommé *subjective* ne l'a pas été *objective*, il y a crime manqué.

Les causes qui ont ainsi déjoué les projets criminels de l'agent peuvent être matérielles, absolues, radicales, ou seulement relatives, occasionnelles, accidentelles ; le crime dont l'accomplissement a été empêché par la première de ces causes prend le nom de *crime impossible*, et nous réservons à celui dont l'inexécution n'a tenu qu'à un obstacle accidentel la dénomination de *crime manqué*.

SECTION Ire.

CRIME IMPOSSIBLE.

Ce mode d'impossibilité peut provenir de l'objet même du crime. Ainsi, pour nous servir d'exemples empruntés aux criminalistes :

L'agent frappe un homme déjà mort, ne le croyant qu'endormi ; ou trompé par l'obscurité et croyant voir passer un homme à qui il en veut, il tire un coup de fusil dans le vide.

Une femme se croyant enceinte prend, dans l'intention de se faire avorter, des substances abortives,
aucune grossesse n'existait.

Elle peut provenir aussi du moyen employé.

Voulant administrer de l'arsenic, ou croyant que le
nitre est un poison, l'agent administre du nitre à sa
victime.

Il se livre à la pratique des sortiléges, il prononce
des paroles magiques, des imprécations pour attirer la
mort sur celui qu'il veut atteindre.

De tels actes, s'ils ne sont pas incriminés comme
crimes spéciaux, ne sauraient tomber sous le coup de
la loi pénale comme ayant eu pour but l'accomplissement d'un empoisonnement, d'un assassinat ou
d'un avortement. Il n'est même pas exact de dire
qu'il existe dans ces cas une tentative, car la tentative est le commencement d'exécution, elle révèle
nécessairement la possibilité d'arriver à un résultat
final; or si le crime est impossible, il ne peut recevoir
de commencement d'exécution, car on ne commence
que ce qui peut être achevé. Il n'y a là qu'un crime
imaginaire, sans réalité physique, et la justice sociale,
qui n'a pas le droit de punir la pensée, ne peut par
conséquent punir un crime qui peut bien exister dans
la volonté de l'agent, mais qui n'a été tenté par aucun
des moyens propres à le réaliser.

Bien plus, prenons ces actes en eux-mêmes, sans
présupposer chez l'agent une intention criminelle, et
demandons-nous si tels qu'ils nous sont connus ils sont
de nature à nous révéler une résolution coupable. En
aucune façon. Ces actes sont muets, ils ne révèlent

rien, ils n'ont aucune tendance vers le crime qu'on suppose avoir été projeté. Administrer du nitre est un acte parfaitement inoffensif, qui ne révèle pas la pensée d'un empoisonnement.

Qu'une femme absorbe des substances de nature à procurer un avortement si elle était enceinte, peut-on découvrir dans ce fait la preuve d'une intention criminelle! Dans l'état actuel des choses, l'innocuité de ces substances est évidente.

L'acte de poignarder un cadavre révèle-t-il donc par lui-même un projet de meurtre? Certainement non! et ce ne serait qu'en concluant de l'existence du projet criminel à la criminalité des faits, au lieu de procéder de l'existence des faits à celle du projet criminel, que nous pourrions arriver à incriminer ces actes. Ce serait alors punir la pensée, et nous n'avons pas ce droit. Nous devons nous renfermer dans les limites assignées à la justice sociale, et quelle que soit la perversité morale de l'agent, nous ne pouvons pas la punir indépendamment des actes qui nous la révèlent.

Ajoutons enfin que ces faits sont peu nuisibles, qu'ils ne sont pas de nature à produire des alarmes sérieuses, et qu'ils sont tellement rares et exceptionnels que la société n'est pas intéressée à les punir.

SECTION II.

Crime manqué par suite d'une impossibilité occasionnelle accidentelle.

A proprement parler, il ne s'agit plus ici d'une impossibilité. Le crime est dans la nature des choses possibles, et les moyens employés par l'agent ne sont pas hors de proportion avec le but qu'il veut atteindre. Mais un accident imprévu se présente, qui vient sauver la victime.

C'est ici qu'il est exact de dire que l'intention criminelle de l'agent nous est révélée tout entière, que l'exécution a été poussée jusqu'aux dernières limites, que l'agent a montré toute sa perversité et qu'il n'a pas dépendu de lui que le crime ne fût le couronnement de son œuvre.

Il y a délit moral, il y a délit social, péril imminent, cause juste et légitime d'alarme pour la société qui a le droit et le devoir de punir. Là n'est pas le doute, mais nous hésitons lorsqu'il s'agit de déterminer la quotité de la peine. Sera-t-elle égale à celle qui frappe le délit consommé ou lui sera-t-elle inférieure ?

Abstraction faite de toute idée juridique, il nous semble que la question ainsi posée contient déjà, jusqu'à un certain point, sa solution. L'idée qui se présente naturellement à l'esprit, c'est que le crime manqué n'est pas égal au crime consommé, puisque le résultat final n'a pas été atteint, et que la peine, par conséquent, ne doit pas être la même.

C'est, si l'on veut, un sentiment grossier que celui qui nous conduit à juger les actions des hommes d'après leur résultat, mais il faut avouer qu'il est conforme à notre nature, et que la conscience publique proteste énergiquement contre toute assimilation qui lui porterait atteinte.

Ce sentiment nous paraît au surplus conforme aux notions fondamentales du droit de punir. Ainsi que nous l'avons déjà dit, la peine ne se mesure pas uniquement sur la culpabilité morale, sur le mal intentionnel, mais aussi sur le mal matériel effectivement produit, car c'est là un des éléments du crime, l'élément final. Ces prémisses une fois posées, nous sommes autorisés à conclure que la peine réservée au crime manqué, crime incomplet, dans lequel le mal effectif n'a pas été entièrement produit, ne peut être égale à celle qui atteindra le crime complet.

Sans doute l'agent a mené jusqu'au bout ses actes d'exécution, sans doute il a fait tout ce qui était en lui pour accomplir sa résolution criminelle, nous concédons encore qu'il n'a pas dépendu de lui qu'elle ne le fût ; il est coupable et nous le punissons. Mais nous ne pouvons lui imputer un fait qu'il n'a pas commis, un mal qui n'a pas été produit ; devant la justice la plus sévère, il n'est pas responsable de ce qu'il n'a pas fait.

Mais, nous objecte-t-on, il le voulait, et le hasard seul a mis obstacle à l'accomplissement de ses désirs. Voir là un fait d'excuse, c'est proclamer une immoralité !

Réduisons à sa valeur exacte le raisonnement de

nos adversaires ; qu'y trouvons-nous ? L'oubli le plus complet des principes de la justice sociale. « Il l'a voulu, donc il est coupable, donc il doit être puni. » Incrimination de la pensée, droit qui n'appartient qu'à Dieu.

Rentrons dans les limites au delà desquelles nos facultés bornées ne pourraient que nous égarer. Pensons qu'à notre nature immatérielle est intimement liée notre nature terrestre et grossière, que le crime participe de l'une et de l'autre, qu'il est à la fois de l'ordre moral et de l'ordre physique, et que nous ne pouvons à notre gré faire abstraction de l'un ou de l'autre de ces éléments. Nous serons alors forcés de convenir que déterminer la peine uniquement d'après l'élément intentionnel, c'est renverser tous les principes de la justice sociale.

Le hasard qui a sauvé la victime nous est indifférent, nous ne l'érigeons pas en fait d'excuse, mais nous ne pouvons compter pour advenus des faits qui ne le sont pas, et punir la volonté pour le mal qui n'a pas été produit.

Le crime est accompli intentionnellement, *ex parte agentis, subjective,* mais il est imcomplet, *objective,* puisque le résultat final n'a pas été atteint. La peine ne peut être la même que si le crime était entièrement accompli.

Remarquons enfin, en terminant, que le préjudice causé est moins considérable, et que l'agent n'a pas retiré de son crime les jouissances indues, le plaisir illégitime qui doivent entrer dans la mesure de l'expiation.

DEUXIÈME PARTIE.

CHAPITRE I.

NOTIONS HISTORIQUES.

La législation romaine ne nous offre en cette matière que des textes contradictoires. Les uns assimilent la tentative au crime consommé : telles sont les lois 1, p., §§ 1 et 3 ; 3, p., et §§ 1, et 14, *Ad legem Corneliam de Sicariis et veneficiis*, lib. 48, tit. 8, Dig. : « Divus Hadrianus rescripsit, eum qui hominem non occidit, sed vulneravit et occidat, pro homicida damnandum. — In maleficiis voluntas spectatur, non exitus. »

Loi 1, *De lege Pompeia de parricidiis*, lib. 48, tit. 9, Dig.

Loi 5, *Ad legem Juliam majestatis*, lib. 9, tit. 8, Cod.

D'autres au contraire ne l'atteignent que d'une peine moins forte. Ainsi la loi 1, § 2, *De extraordi-*

nariis criminibus, lib. 47, tit. 11, Dig. : « Perfecto flagitio puniuntur capite, imperfecto in insulam deportantur. »

Loi 19, p., *De lege Cornelia de falsis,* lib. 48, tit. 10, Dig., relative à la tentative arrêtée par la volonté de l'agent; Loi 16, §§ 7 et 8, *De pœnis,* lib. 48, tit. 19, Dig.

Il est difficile de formuler une règle générale en présence d'oppositions si tranchées. Cependant en considérant les textes en eux-mêmes, il est permis de conjecturer que la loi romaine gradue la peine suivant que le crime n'a été que commencé ou qu'il a été accompli, à moins qu'une disposition législative spéciale ne soit venue assimiler la tentative au crime consommé. C'est là ce qui avait lieu dans les procédures ordinaires organisées par des lois spéciales au texte desquelles il fallait se conformer; de telle sorte que si des actes formant tentative se trouvaient tomber sous l'application de ces lois, la seule peine à appliquer était celle édictée pour tous les cas prévus par elles. Telles étaient les lois *Cornelia de sicariis, Pompeia de parricidiis, Julia majestatis.*

Mais lorsque la poursuite n'en était pas expressément règlementée, ces incriminations tombaient sous le coup de la juridiction extraordinaire du magistrat, et dans ce cas la jurisprudence voulait que la tentative fût moins punie que le crime consommé.

Nos anciens criminalistes comprenaient sous le nom de tentative tant les actes préparatoires que les actes d'exécution, et ils reconnaissaient différents degrés de criminalité suivant que l'acte était éloigné, *actus remotus*, ou qu'il était proche de l'acte final, *actus proximus.*

Ils donnaient des règles différentes selon qu'il s'agissait de crimes ordinaires ou de crimes atroces. La tentative était toujours punie, *conatus punitur etiam effectu non sequuto*; mais dans les crimes ordinaires l'acte éloigné n'était que faiblement atteint, parce que nous dit Farinacius, *in actu remoto potest esse spes pœnitendi quæ non est in proximo.*

L'acte prochain, défini *ultimus actus qui a delinquente agendus est ad criminis perfectionem*, était puni d'une peine plus forte, mais moindre que celle réservée au crime consommé; c'est ce que nous atteste Farinacius (1). « Non eadem pœna sed mitior et extraordinaria imponenda etiam quod fuerit deventum ad actum proximum est de mente omnium; » et Tiraqueau (2) en donne ainsi le motif : « Nam quod delictum attentatum habeatur pro consummato, non est secundum rerum naturam atque veritatem, sed ex fictione. » Alciat caractérise ainsi la différence qui existe entre la tentative et le crime consommé : « Aliud est crimen, aliud conatus, hic in itinere, aliud in meta est. »

Dans les crimes qualifiés atroces, ces règles sages n'étaient plus suivies; il y avait là un droit exceptionnel, et l'on abandonnait en cette matière un grand nombre de règles communes du droit pénal pour observer certaines singularités. Non-seulement la tenta-

(1) *De homicidis, quæst.*, 121, n° 9.
(2) *De pœnis temperandis aut remittendis.*

tive prochaine, mais aussi la tentative éloignée était assimilée au crime consommé. On incriminait même la pensée : « *Conatus proximus delicto æque puniatur in atrocioribus ac si delictum fuisset comsummatum,* » dit Tiraqueau (1).

Les crimes réputés atroces sont ceux de parricide, d'empoisonnement, d'assassinat, de meurtre, d'incendie, de lèse-majesté au premier chef.

Cette rigueur extraordinaire avait été puisée dans les lois romaines.

Nous lisons dans les Capitulaires de Charlemagne (2) : « Qui hominem voluntarie occidere voluerit, et perpetrare non potuit, homicida tamen habeatur. »

L'art. 195 de l'ordonnance de Blois de 1579 contient les dispositions suivantes : « Et pour le regard des assassins, et ceux qui, pour prix d'argent ou autrement, se louent pour tuer, outrager, excéder aucuns, ou recourre prisonniers pour crimes des mains de justice, ensemble ceux qui les auront loués ou induits pour ce faire, nous voulons la seule machination et attentat être punis de peine de mort, encore que l'effet ne s'en soit ensuivi, dont aussi n'entendons donner aucune grâce ou rémission. »

Ces dispositions ont été reproduites en partie par l'art. 4 du titre 16 de l'ordonnance criminelle de 1670.

L'édit de 1682 dispose dans son article 5 : « Ceux qui seront convaincus d'avoir attenté à la vie de quelqu'un

---

(1) *De pœnis temperendis aut remittendis.*
(2) Liv. 7, ch. 151.

par vénéfice et poison, en sorte qu'il n'ait pas tenu à
eux que ce crime n'ait été consommé, seront punis
de mort. »

Cet édit, ajoute Muyart de Vouglans (*Lois criminelles*), confirme les dispositions des lois romaines; il
punit de la peine de mort ceux qui ont causé la
mort, ceux qui ne sont coupables que de tentative, et
ceux qui ont composé et distribué le poison.

Nous lisons dans le même auteur : « Pour apprécier
le degré de dol de l'agent, c'est par l'événement qu'on
doit juge, principalement en cette matière, suivant
la maxime : *In fraudis interpretatione, non eventus
dumtaxat, sed consilium spectatur* (1), ce qui ne doit
s'entendre néanmoins qu'en fait de crimes ordinaires,
car pour les crimes atroces de leur nature, la loi veut
que l'on considère moins l'événement que la volonté,
c'est-à-dire qu'il suffit d'avoir manifesté cette volonté
par quelque acte prochain pour être puni de même que
si l'on avait entièrement consommé le crime. »

Cette législation inspira les rédacteurs du Code
pénal de 1791. Ce Code ne prévoit toutefois que la
tentative des crimes d'assassinat et d'empoisonnement qu'il assimile au crime lui-même.

Art. 13 (2ᵉ partie, titre 2). L'assassinat, quoique
non consommé, sera puni de la peine portée en l'article 11 (la peine de l'assassinat consommé) lorsque
l'attaque à dessein de tuer aura été effectuée.

Art. 15. L'homicide par poison, quoique non consommé, sera puni de la peine portée en l'art. 12 (la

____

(1) L. 79, De regulis juris.

peine de l'empoisonnement consommé) lorsque l'empoisonnement aura été effectué, ou lorsque le poison aura été mêlé avec des aliments ou breuvages spécialement destinés soit à l'usage de la personne contre laquelle ledit attentat aura été dirigé, soit à l'usage de toute une famille.

Art. 16. Si toutefois avant l'empoisonnement effectué, ou avant que l'empoisonnement des aliments ou breuvages ait été découvert, l'empoisonneur arrêtait l'exécution du crime, soit en supprimant lesdits aliments ou breuvages, soit en empêchant qu'on n'en fît usage, l'accusé sera acquitté.

Toutes autres tentatives de crimes restées ainsi en dehors des termes de la loi demeuraient impunies. Il y avait une lacune que vint combler la loi du 22 prairial an IV. Mais le législateur, emporté par le mauvais souvenir du passé, dépassa le but. Entraîné par les idées de sévérité de notre ancienne jurisprudence sur les crimes atroces, il assimila sans distinction la tentative au crime consommé. Cette loi est ainsi conçue :

« Le conseil des Cinq Cents, considérant que le Code pénal ne prononce aucune peine contre les tentatives du vol, de l'incendie et des autres crimes, à l'exception de l'assassinat et de l'empoisonnement ;

« Considérant que l'impunité enhardit et multiplie les coupables, arrête :

« Toute tentative de crime manifestée par des actes extérieurs, et suivie d'un commencement d'exécution sera punie comme le crime même, si elle n'a été suspendue que par des circonstances fortuites, indépendantes de la volonté du prévenu. »

Le principe consacré par cette loi fut vivement at
taqué lors de la discussion, devant le conseil d'État, du
Code pénal de 1810.

Le commencement d'exécution, dit M. Corvetto, doit
être puni, mais il n'est pas juste d'infliger au coupable une peine aussi sévère que si le crime avait été
consommé.

L'orateur du gouvernement, M. Treilhard, répondit, d'après Filangieri dont nous avons réfuté les
doctrines, que quand l'exécution n'est arrêtée que par
des circonstances étrangères à sa volonté, le coupable
a commis le crime autant qu'il lui était possible, qu'il
doit en porter toute la peine, car il n'est pas moins
coupable que s'il avait réussi.

Nous ne reviendrons pas ici sur la discussion de ces
doctrines. Nous nous bornerons à constater, en les dé-
plorant, les funestes principes qu'elles ont fait triompher dans nos lois.

M. Treilhard, toutefois, ajoutait qu'il ne s'opposait
pas à ce que dans les crimes les moins graves la tentative ne fût punie que du *minimum*. D'après ces observations, le conseil arrête :

« La tentative ne sera punie des mêmes peines que
le crime que dans les cas déterminés par la loi. »

Mais cette décision ne fut appliquée par la section
chargée de la rédaction qu'aux délits correctionnels,
et le texte de la loi du 22 prairial an IV passa dans
l'art. 2 du Code pénal.

Aux yeux de la commission de législation du Corps
législatif, l'article ainsi conçu parut contenir une lacune parce qu'il ne prévoyait pas le cas où la tenta-

tive achevée le crime n'avait cependant pas été consommé; et sur son observation, adoptée par le conseil
d'État, la rédaction de l'art. 2 du Code pénal fut ainsi
arrêtée :

Art. 2. « Toute tentative de crime qui aura é·é
manifestée par des actes extérieurs, et suivie d'un com·
mencement d'exécution, si elle n'a été suspendue ou
si elle n'a manqué son effet que par des circonstances
indépendantes de la volonté de son auteur, sera con·
sidérée comme le crime même. »

Lors de la révision du Code pénal en 1832, les
vrais principes se réveillèrent, et cherchèrent à se
faire jour. MM. Persil et de la Rochefoucault propo-
sèrent de modifier en ces termes l'art. 2 :

« Toute tentative de crime qui aura été manifestée
par un commencement d'exécution, si elle n'a été suspendue ou si elle n'a manqué son effet que par des
circonstances indépendantes de la volonté de son auteur, sera punie de la peine immédiatement inférieure
à celle qu'il aurait encourue s'il eût consommé son
crime. »

A l'appui de cet amendement, l'un de ses auteurs,
M. de la Rochefoucault, soutenait que l'intention criminelle existe, mais qu'il peut y avoir repentir, que ce
désistement même involontaire peut souvent être le si·
gne d'une perversité moins grande ou d'une intention
mal arrêtée, qu'en tout cas le dommage causé à la société est moins grand que si le crime avait été consommé.

Mais, comme en 1808, M. Treilhard répondit
qu'on ne pouvait adoucir la peine pour celui qui a

commis le crime autant qu'il était en son pouvoir ; que cet homme n'est pas moins coupable que s'il avait réussi ; et l'amendement fut rejeté.

Le rapporteur de la loi devant la chambre des députés avait été loin de se montrer aussi exclusif que M. Treilhard. Il ne méconnaît pas les principes invoqués par les auteurs de l'amendement, et s'il ne croit pas nécessaire de changer le texte de l'article, c'est parce que la loi de 1832 doit être le correctif d'une pénalité trop rigoureuse.

« Qu'importe, dit M. Dumon, qu'importe que la loi égale dans tous les cas la tentative à l'exécution, quoique dans l'opinion commune la gravité d'un crime se mesure en partie aux résultats qu'il a produits, si l'admission des circonstances atténuantes permet au jury de tenir compte à l'accusé du bonheur qu'il a eu de ne pouvoir commettre le crime ? »

M. de Bastard disait aussi devant la chambre des pairs : « Quelques personnes ont pensé que la tentative de crime ne devait être punie que de la peine inférieure à celle appliquée au crime même. Votre commission n'a pas partagé cet avis ; la perversité est la même dans les deux cas, et les pouvoirs nouveaux accordés aux jurés leur donnent la possibilité d'établir les différences morales qui pourraient se rencontrer entre le crime accompli et la simple tentative. »

Il est donc vrai de dire que le principe a triomphé ! L'un des rapporteurs ne le conteste pas, et quant à l'autre, tout en répétant ce qui avait été écrit par Filangieri, et reproduit ensuite par M. Treilhard, il reconnaît cependant qu'entre le crime accompli et la tentative, il peut exister des différences morales dont le jury devra tenir compte. Cet aveu n'est-il pas la meilleure réfutation d'une doctrine qu'il n'a pas cherché à justifier?

Cependant la loi de 1832 n'a apporté à l'ordre de chose préexistant qu'un correctif illusoire quand il n'est pas dangereux.

« La réflexion du rapporteur de la commission, dit un savant criminaliste (Chauveau-Adolphe, *Code pénal progressif*), est une erreur qui peut être dangereuse. Cette faculté des circonstances atténuantes ne produira qu'imparfaitement et capricieusement ce qu'une loi sage aurait donné avec prudence proportionnellement, et d'une manière certaine et durable. »

* En effet, c'est fausser entièrement le système des circonstances atténuantes que de l'employer à rectifier les incrminations de la loi. C'est aussi fausser l'institution du jury, c'est le faire sortir de la sphère qui lui a été attribuée, et hors de laquelle il ne peut être pour la société qu'un péril et pour la justice qu'une cause d'erreurs. Le jury est juge du fait, et dans chaque cause qui lui est déférée, il détermine au moyen des circonstances atténuantes le degré de culpabilité de l'accusé : tel est son rôle ; tel est aussi le but des circonstances atténuantes. Mais confondre le fait et le droit, ériger le jury en criminaliste et le rendre juge d'une question de doctrine, l'appeler à résoudre un des problèmes les plus compliqués de la législation pénale, ce problème que tous les criminalistes n'ont abordé qu'avec défiance, et dans la solution duquel ils ne se sont pas tous accordés, rendre le jury juge de ce grand différend, le charger

de rectifier la loi suivant son inspiration du moment, en déclarant l'existence de circonstances atténuantes qui peuvent bien modifier la criminalité, mais qui ne sauraient influer sur un principe, c'est avouer le vice de la loi pénale, reconnaître l'injustice du nivellement qu'elle établit, et l'impuissance où l'on est de mettre courageusement la main à l'œuvre pour faire triompher la justice et la vérité!

C'est à la loi elle-même à poser les principes, à graduer les peines, à établir les incriminations, au jury à différencier les espèces qui viennent se grouper sous chaque règle; mais il ne faut pas confondre la mission de l'un et de l'autre.

Quant au texte de l'art. 2, et sauf une simplification de rédaction, il a été conservé par la loi de 1832.

Nos lois sont les seules qui aient résisté à laisser pénétrer dans leur sein les vrais principes sur lesquels doit être basée la répartition de la peine; seules elles ont maintenu entre la tentative et le crime consommé un injuste nivellement. En général, toutes les autres législations ont établi entre la tentative et le crime consommé des nuances plus ou moins profondes.

Les lois anglaises n'ont pas de théorie générale sur la tentative, chaque matière est soumise à des règles spéciales.

Le Code pénal d'Autriche range parmi les circonstances atténuantes la tentative inachevée.

Art. 7. « Il n'est pas nécessaire pour qu'il y ait délit que le fait soit réellement consommé, la seule tentative d'un fait criminel constitue aussi un délit, toutes les fois que le malintentionné entreprend une action tendante à son exécution effective, pourvu qu'il soit seulement interrompu dans son accomplissement par impuissance, par un obstacle indépendant de sa volonté, ou par cas fortuit. »

Art. 40. « Les circonstances atténuantes tirées du fait sont : 1° Si l'acte est demeuré dans la limite d'une tentative, et suivant qu'il a été plus ou moins près du délit accompli. »

Le Code pénal du Brésil, publié le 25 novembre 1831, dispose :

Art. 2. Sera crime ou délit (expressions synonymes dans ce Code) : 1° toute action ou omission volontaire, contraire aux lois pénales ;

2 La tentative de crime , quand elle sera manifestée par des actes extérieurs et par un commencement d'exécution, et lorsqu'elle n'aura manqué son effet que par des circonstances indépendantes de la volonté du délinquant.

La tentative de crime ne sera punie qu'autant que le crime lui-même emporterait une peine plus forte que deux mois de prison simple, ou que le bannissement hors de la Comarca (circonscription territoriale).

Art. 34. La tentative, lorsqu'elle ne sera pas l'objet d'une peine spéciale, sera punie des mêmes peines que le crime, moins un tiers de durée dans chaque degré.

Lorsque la peine sera celle de mort, on infligera au coupable de tentative au même degré la peine des galères perpétuelles ; lorsqu'elle sera celle des galères perpétuelles ou de la prison avec ou sans travail, on infligera la peine des galères pour vingt ans, ou de la prison avec ou sans travail pour vingt ans.

Lorsque la peine sera celle du bannissement, on

ui infligera la déportation hors du royaume pour vingt ans ; lorsqu'elle sera celle de la déportation ou de l'exil perpétuel, on lui infligera la déportation ou l'exil pour vingt ans.

La même distinction se retrouve tracée dans les art. 68, 85, 86, 87, 88 et 89 qui répriment les crimes contre l'indépendance, l'intégrité et la dignité de la nation, contre la constitution de l'empire et la forme du gouvernement, et contre le chef du gouvernement.

Le Code pénal des Deux Siciles contient, dans les art. 70 et 71, les dispositions suivantes :

Art. 70. La tentative qui a échoué même par des circonstances fortuites et indépendantes de la volonté du coupable, sera punie d'un à deux degrés moindres de la peine que le méfait consommé, si elle s'est manifestée par des actes extérieurs très-voisins de l'exécution, mais tels néanmoins qu'il restait encore à l'auteur quelque autre acte à faire pour arriver à la consommation du crime, sauf toujours les exceptions prévues par la loi dans quelques cas particuliers.

Art. 71. Les tentatives de délit et de contravention ne sont imputables que dans les cas spécialement déterminés par la loi.

Le Code espagnol distingue du délit consommé le délit manqué et la simple tentative. Il ne considère pas comme coupable de tentative celui qui, après un commencement d'exécution, s'est volontairement désisté (art. 3).

Les auteurs d'une simple tentative ne sont punis que d'une peine inférieure de deux degrés à celle appliquée par la loi au délit (art. 62).

Les statuts de l'État de New-York et le Code de l'État de Géorgie ont édicté une pénalité graduée. Si le fait tenté est puni de mort, la tentative est punie de dix ans d'emprisonnement. Si le fait tenté est passible d'emprisonnement, la moitié de la peine doit être appliquée à la tentative.

Le Code de la Louisiane ne punit en tout cas la tentative que de la moitié de la peine applicable au crime consommé.

La loi hongroise pose en principe que plus la probabilité est grande pour que le crime soit consommé, plus la peine doit être sévère.

Les Codes de Bavière et de Hanovre ne punissent aussi la tentative que d'une peine inférieure au crime consommé.

Enfin le Code pénal belge, rédigé d'après notre Code, s'en est cependant écarté en ce point ; et, dans son art. **2**, il ne punit la tentative que de la peine immédiatement inférieure à celle du crime consommé.

Qu'il nous soit permis d'émettre le vœu que la nation française ne reste pas plus longtemps privée du bienfait d'une législation pénale basée sur les principes d'une saine philosophie. Espérons qu'en cette matière, qui touche de si près aux intérêts les plus sacrés des individus et de la société, elle s'inspirera des nobles exemples que lui ont donnés des nations auxquelles elle-même a si souvent servi de modèle.

Cependant nous devons faire observer que le nouveau Code pénal prussien, du 14 avril 1851, a suivi en cette matière le système du Code pénal français. Suivant la remarque qui en a été faite par un de nos savants professeurs, dont nous sommes heureux de pouvoir ici citer les paroles, « c'est l'abandon de l'ancienne doctrine du droit commun allemand, conservé dans tous les autres Codes de l'Allemagne, et qui refuse d'assimiler la tentative au crime ou au délit consommé. Cette fâcheuse simplification, continue M. Valette, due peut-être à l'influence de l'esprit rhénan, a été amèrement reprochée au législateur prussien. Celui-ci, du reste, comme on a fait chez nous en matière de recel, a reculé devant les conséquences extrêmes du principe par lui posé; et lorsqu'il s'agit de crimes passibles de la peine de mort ou de la maison de force à vie, la tentative ne peut être punie que de la maison de force pour une durée de dix à vingt ans (1). »

Ces dispositions se trouvent contenues dans les articles 31 à 33. L'art. 336 exempte de toute peine la tentative de contravention.

Art. 31. La tentative est punissable seulement quand elle a été manifestée par des actes qui constituent un commencement d'exécution, et qu'elle n'a été suspendue ou n'a manqué son effet que par des circonstances extérieures, indépendantes de la volonté de l'agent.

Art. 32. La tentative de crime sera punie comme le crime même. Toutefois, pour déterminer la durée de la peine dans les limites légales, le juge pourra avoir égard à la circonstance que le crime n'a pas été consommé.

Si le crime est de nature à entraîner la peine de mort ou la maison de force à vie, le coupable de ten-

(1) M. Valette, *Compte rendu du code pénal prussien du 11 avril 1851.*

tative sera condamné à la maison de force pendant dix ans au moins, et placé sous la surveillance de la police.

Si à raison de circonstances particulières la peine du crime consommé doit être diminuée, cette peine sera également applicable à la tentative, dans les mêmes circonstances,

Art. 33. La tentative de délit est punissable seulement dans les cas prévus par une disposition expresse de la loi. Et, dans ces cas, elle est punie comme le délit même, suivant les règles établies à l'art. 32.

Art. 336. La tentative de contravention n'est pas punie.

CHAPITRE II.

TENTATIVE DE CRIMES.

L'art. 2 du Code pénal, qui régit la tentative de crime, est ainsi conçu :

Art. 2. Toute tentative de crime qui aura été manifestée par un commencement d'exécution, si elle n'a été suspendue ou si elle n'a manqué son effet que par des circonstances indépendantes de la volonté de son auteur, est considérée comme le crime même.

Nous trouvons dans cet article la définition de la tentative punissable et la détermination de la pénalité.

La tentative, pour être punissable, doit présenter deux caractères : 1° avoir été manifestée par un commencement d'exécution ; 2° n'avoir été suspendue que par des circonstances indépendantes de la volonté de son auteur.

De là il résulte que la loi n'incrimine pas la simple pensée ni la résolution concertée et arrêtée, excepté dans le cas de complot ayant pour but les crimes mentionnés aux art. 86 et 87 du Code pénal; que les actes préparatoires ne sont pas non plus incriminés. Cependant, et par exception, ils sont dans certains cas atteints de peines correctionnelles ou de simple police en eux-mêmes, abstraction faite du crime auquel ils servent de préparation, toutes les fois qu'ils constituent un délit incriminé par une loi ou une disposition spéciale.

Dans certains autres cas, spécialement prévus par la loi pénale, ils sont aussi punis comme actes préparatoires en cette qualité, et à cause du crime dont on devra prouver qu'ils étaient la préparation. Tels sont les actes qui ont pour but de préparer l'exécution d'un complot contre la personne de l'empereur, contre la vie ou contre la personne des membres de la famille impériale (art. 86);

Contre la forme de gouvernement, l'ordre de successibilité au trône, l'obéissance à l'autorité de l'empereur (art. 87).

Tels sont encore les actes commis par une seule personne pour préparer l'exécution de l'un des crimes prévus dans l'art. 86 (art. 90).

Ces actes, bien que simplement préparatoires, pourvu qu'il soit clairement prouvé qu'ils se rattachent directement à l'un des crimes prévus par les articles précités, tombent sous l'incrimination des art. 89 et 90 du Code pénal, et sont frappés de peines criminelles inférieures à celles qui atteignent le crime tenté ou consommé.

Nous avons exposé plus haut la gravité des motifs qui justifient cette exception que le législateur a dû introduire contre les principes. Elle est commandée par la gravité du crime, par les conséquences terribles qu'il déchaînerait à sa suite, par le péril dont un tel a. te menace la société, et le trouble qu'il y produit. Rappelons aussi ce motif emprunté au sénateur romain : « Nam cætera tum persequare ubi facta sunt, hoc nisi provideris ne accidat, ubi evenit, frustra judicia implores. » Car il est vrai qu'en cette matière l'accomplissement de son crime procurera le plus souvent au coupable, non la punition qu'il a justement encourue, mais le triomphe et l'impunité.

Le commencement d'exécution forme un des éléments de la tentative punissable, mais s'il a été volontairement interrompu, et que, du reste, les actes déjà commis ne constituent pas par eux-mêmes un délit *sui generis*, le législateur, guidé par une idée d'humanité et d'utilité publique, en vue de favoriser le repentir, et pour ne pas précipiter l'agent plus avant dans le crime, ne l'a pas incriminé.

Que si, au contraire, l'agent n'a pas cédé au repentir, s'il a persévéré dans ses projets, s'il en a hâté l'exécution, et que la consommation du crime n'ait été empêchée que par des circonstances fortuites indépendantes de sa volonté, le législateur le punit comme il en a le droit et le devoir.

Ici se présente une question des plus délicates, et

qui tire son importance de la distance énorme que la loi pénale a établie entre les actes préparatoires et les actes d'exécution. Là l'impunité, ici la peine du crime consommé : et l'on se demande quel est précisément le point où les actes préparatoires s'arrêtent, où commencent les actes d'exécution,

On se demande aussi à quel signe reconnaître la nature des circonstances qui ont arrêté la tentative ; et cette question n'offre pas un moindre intérêt, car là encore, selon que les circonstances dépendent de la volonté de l'agent ou lui sont étrangères, il y a toute la distance qui sépare l'impunité de la peine due au crime consommé.

On peut dire que l'acte préparatoire est celui qui est fait en vue du crime, pour le préparer et le faciliter, que l'acte d'exécution est celui par lequel on met la main au crime : mais il est impossible en théorie de poser une règle plus certaine et plus précise, car les faits qui peuvent constituer le commencement d'exécution sont essentiellement variables ; ils changent pour ainsi dire avec chaque espèce ; aussi la loi ne les a pas définis. Elle a abandonné à l'appréciation et à la lumière des magistrats chargés de prononcer sur la prévention ou l'accusation, et à la conscience des jurés, la mission délicate de déterminer dans chaque affaire quels sont les actes simplement préparatoires, où ils s'arrêtent, où commencent les actes d'exécution.

C'est à eux aussi qu'il appartient de déterminer, d'après les circonstances de la cause, la nature des motifs qui ont amené la suspension de la tentative.

Mais de ce que la loi ne nous a pas donné ces définitions, faut-il en conclure que ces circonstances sont appréciées souverainement par le juge du fait, et que les décisions rendues à cet égard ne peuvent pas être soumises au contrôle de la Cour de cassation?

En ce qui concerne les décisions du jury, il faut sans aucun doute admettre l'affirmative, car le jury est appréciateur souverain des faits qui lui sont dénoncés; il ne doit compte qu'à Dieu et à sa conscience, sa décision est définitive, irrévocable, elle n'est susceptible d'aucune espèce de recours.

Mais la question n'est plus aussi nettement dessinée lorsqu'elle se pose en face des arrêts rendus par les chambres des mises en accusation, dont les appréciations juridiques peuvent être soumises au contrôle de la Cour de cassation. Il y a lieu alors de se demander si les décisions qu'elles rendent en cette matière sont susceptibles de pourvoi comme renfermant une déduction juridique et la solution d'un point de droit, ou si au contraire elles sont souveraines dans l'appréciation qu'elles font des faits établis par l'information.

A la vérité, on prétend, dans le sens de cette dernière opinion, que la loi ne définissant pas les faits physiques et matériels qui constituent le commencement d'exécution, l'appréciation qui en est faite ne peut jamais constituer une violation de la loi, et que par conséquent elle appartient souverainement aux juges chargés de la mise en accusation. Mais tel n'est pas le point de vue sous lequel il nous semble qu'on doive envisager la question. Sans doute, nous sommes loin de le méconnaître, le juge a le droit souverain d'apprécier les faits, d'admettre ou de nier leur existence, et il n'appartient pas à la Cour de cassation d'ouvrir le dossier pour rechercher l'exactitude de ses déclarations. Mais les faits étant constatés et reconnus exister, il s'agit de tirer de leur existence les conséquences légales juridiques, et c'est ici que nous tombons dans le domaine de la loi dont la souveraineté appartient à la Cour suprême; car si elle n'a pas à vérifier les constatations de fait, elle ne satisfait qu'aux règles de son institution en vérifiant les conséquences légales que le juge en déduit, et en recherchant si la loi été convenablement appliquée au fait constaté.

Dans le premier cas, la décision de la chambre des mises en accusation ne reconnaissant ou ne niant qu'un fait, sera souveraine; dans le second, elle résoudra une question de droit qui sera soumise à la censure de la Cour de cassation.

Telle est l'opinion à laquelle nous nous rangerons, déterminé par les motifs développés avec un rare talent par un savant magistrat à la Cour de cassation, M. l'avocat général Blanche.

C'est en ce sens aussi que la jurisprudence de la Cour suprême, longtemps, indécise, paraît s'être définitivement fixée.

Précédemment, par un arrêt du 29 octobre 1813, elle avait cassé pour violation des art. 2 et 284 du Code pénal un arrêt de la Cour de Bruxelles, qui avait décidé que le fait par la prévenue Marie Winaud de s'être introduite à l'aide d'escalade et avec l'intention de voler dans une maison habitée, et d'y avoir ouvert une armoire où elle croyait trouver de l'argent, et qu'elle n'avait été interrompue que par des circonstances indépendantes de sa volonté, ne constituait pas une tentative de vol; « attendu que ces faits sont une tentative de vol, manifestée par des actes extérieurs, et qu'il n'a manqué à cette action pour être le crime consommé que le complément de cette exécution. »

Cette jurisprudence fut ensuite abandonnée, et dans une série d'arrêts dont le premier porte la date du 11 juin 1818, la Cour a décidé que la loi, en déterminant les circonstances légales de l'action criminelle, et en s'abstenant au contraire de déterminer les faits élémentaires et constitutifs de ces circonstances, a laissé aux juges du fait l'appréciation complète et entière de ces faits élémentaires, et que quelque erronée que puisse être l'appréciation de ces juges à cet égard, elle ne peut donner ouverture à cassation.

Mais un arrêt rendu le 14 octobre 1854 a renversé cette jurisprudence pour revenir aux principes consacrés par l'arrêt de 1813.

Il s'agissait dans l'espèce d'un prêt hypothécaire, l'acte avait été dressé, il avait été signé par le notaire et par le nommé Louis Mignier, sous le faux nom de Brethomé, réputé emprunteur. Le prêteur n'avait pas signé, et l'acte était demeuré inexécuté parce que le notaire avait eu la pensée de prendre des renseignements sur l'identité de l'emprunteur Brethomé. Le ministère public voyant dans ces faits les caractères légaux de la tentative, poursuivit Louis Mignier sous la prévention de tentative de crime de faux.

La chambre des mises en accusation de la Cour de Poitiers devant laquelle il fut renvoyé, tout en reconnaissant l'exactitude et l'existence des faits qui lui étaient dénoncés, se refusa à y voir la tentative du crime de faux. Sur le pourvoi contre cette décision, formé par le procureur général, la Cour de cassation rendit l'arrêt dont la teneur suit :

« Attendu que l'arrêt relève à la charge de Louis Mignier la contrefaçon de la signature de Brethomé, l'intention frauduleuse qui avait présidé à cette contre-façon et le préjudice que le faux devait nécessairement amener à l'encontre soit du notaire, soit de Brethomé, soit du prêteur, puisque l'acte reçu était destiné à retenir et à constater authentiquement un prêt hypo-thécaire réalisé ;

« Attendu que si cet acte, qu'avaient seuls signé le prétendu Brethomé et le notaire, est resté à l'état imparfait par suite du désir de ce dernier de prendre des renseignements sur l'identité de l'emprunteur, et a fini par être inexécuté, cette imperfection et cette inexécution, toutes du fait du notaire rédacteur, sont entièrement indépendantes de Louis Mignier, qui, en signant ledit acte, a accompli le contrat frauduleux qu'il contractait en tout ce qui pouvait relever de sa volonté ;

« Attendu dès lors que toutes les conditions constitutives du crime de tentative de faux en écriture authentique et publique, telles qu'elles sont caractérisées par les art. 2 et 147 du Code pénal, se trouvent réunies à la charge de Louis Mignier ; d'où il suit, qu'en le relaxant de ce chef d'inculpation, l'arrêt attaqué a faussement et expressément violé lesdits articles, la Cour casse et annule l'arrêt de la Cour de Poitiers. »

En résumé, nous pouvons poser en principe que la tentative est le commencement de l'acte même constitutif du délit, et non le commencement ni même l'accomplissement des actes préliminaires qui y conduisent, lesquels ne constituent encore que des actes préparatoires, et nous pensons que le juge est investi d'un certain pouvoir d'appréciation pour décider d'après les circonstances si l'exécution a été ou non commencée. « Il y a toujours, dit M. Rossi (1), un fait ou un ensemble de faits qui, seuls, constituent le but que l'agent veut atteindre, l'action criminelle qu'il se propose. Tout ce qui précède ou suit cette action peut avoir avec elle des rapports plus ou moins étroits, mais ce n'est pas là ce qui la constitue, elle peut avoir lieu sans ces précédents, ou avec des précédents différents. »

Les actes qui ne sont pas entièrement liés avec cette action, qui n'en forment pas une partie intégrante, ce sont les actes préparatoires ; eux achevés, l'action n'est pas encore commencée. La tentative, jusque-là seulement préparée, prend naissance, et revêt un des caractères légaux lorsque le premier des actes dont l'ensemble compose le crime a été commis. Elle continue jusqu'à la perpétration de l'acte qui achève et consomme le crime.

Nous pensons qu'il rentre aussi dans les pouvoirs du juge d'apprécier la nature des circonstances qui ont amené l'interruption des actes d'exécution.

Pour que la tentative soit punissable, il faut qu'il soit bien certain qu'elle *n'a été* suspendue que par des circonstances indépendantes de la volonté de son au-

____

(1) *Traité de droit pénal*, tom. 2.

teur, et la déclaration conçue en ces termes que la tentative *a été* interrompue par des circonstances indépendantes de la volonté de son auteur ne pourrait servir de base à une condamnation. Il faut en effet qu'aucun doute ne subsiste dans l'esprit des jurés et dans celui de la Cour, car, en matière criminelle, le doute doit toujours s'interpréter en faveur de l'accusé. Or, dans le cas présent, il subsiste tout entier sur la question de savoir si la tentative n'a pas été suspendue tout à la fois par des circonstances indépendantes de la volonté de son auteur et par des circonstances dépendantes de sa volonté. Puisque la réponse ainsi faite permet de supposer que l'exécution du crime peut être due au moins en partie à la volonté de l'accusé, la tentative cesse d'être punissable.

Le législateur a négligé la différence qui existe entre la criminalité de la tentative suspendue par des circonstances indépendantes de la volonté de son auteur et celle du crime manqué. Il les a confondues dans une même disposition. Il était difficile au surplus qu'il en fût autrement, puisque tout d'abord il atteint de la peine la plus forte, due seulement au crime consommé, la simple tentative qui n'est cependant que le premier acte punissable.

Il convient d'appliquer au crime manqué ce que nous venons de dire de la tentative suspendue par des circonstances indépendantes de la volonté de son auteur.

Il ressort comme conséquence nécessaire de la définition donnée par l'art. 2, que la tentative d'un fait irréalisable, d'un crime impossible, n'est pas punissable. La tentative, en effet, n'est incriminée par la loi pénale que si elle est le commencement d'un crime, or il n'est pas possible de dire qu'un fait matériellement impossible puisse recevoir un commencement d'exécution. On ne commence que ce qui peut être achevé. Nous savons au surplus que le crime subit nécessairement l'influence de la double nature de l'homme, qu'il n'existe que par la réunion de l'élément immatériel à l'élément matériel, la volonté qui le conseille, et le fait matériel qui le réalise. Or si l'homme qui a conçu la pensée d'un acte criminel n'emploie cependant que des moyens matériels impropres à son exécution, il y a sans doute au regard de la morale un fait coupable, mais aux yeux de la justice sociale, il n'y a pas d'acte punissable. Le crime n'existe pas, parce qu'il manque de l'un des éléments indispensables à sa perfection.

Dans le cas qui nous occupe, il est possible que l'intention de l'agent soit criminelle et qu'il y ait délit moral, mais nous ne devons pas nous en préoccuper. Tout ce que nous savons avec certitude, c'est que les moyens employés par l'agent pour arriver au but vers lequel nous supposons que tendent ses efforts doivent nécessairement ne produire aucun résultat, que par conséquent il n'y a pas tentative parce qu'il ne peut pas y avoir de commencement d'exécution : et la justice sociale, qui ne peut ni ne doit rechercher et punir la pensée, reste désarmée devant de tels actes.

Cette doctrine n'a pas été adoptée par l'unanimité des Cours impériales. Il en est qui, sans se préoccuper de l'absence de l'élément physique, ont vu une tentative punissable dans un fait inoffensif accompli dans une pensée criminelle. L'existence de l'élément intentionnel leur a paru suffisante. D'autres Cours, au contraire, selon nous mieux inspirées, se sont refusées à mettre en accusation des prévenus qui avaient eu peut-être la pensée d'un crime, mais n'avaient employé que des moyens impropres à l'accomplir.

Cette doctrine vient d'être solennellement consacrée par la Cour de cassation dans l'espèce suivante :

Le 20 mai 1862, Pierre Auxire, cultivateur à Escuras, soldat de la classe de 1861, se présentait devant le conseil de révision du département de la Charente, réuni à Montbrond, et réclamait son exemption du service militaire à raison d'un gonflement considérable existant à la cheville de sa jambe droite. Cette difformité était, disait-il, le résultat d'une entorse remontant à une époque assez éloignée, et provenant d'un excès de fatigue. Mais cette allégation était mensongère ; l'enflure dont Auxire se prévalait avait été volontairement provoquée par lui au moyen de la piqûre d'une abeille. La fraude fut immédiatement constatée par le médecin-major qui assistait aux opérations du conseil de révision, et après avoir été déclaré bon au service, Auxire fut traduit devant le tribunal correctionnel d'Angoulême, sous la prévention d'avoir tenté de se rendre impropre au service militaire au moyen de cette fraude.

Il fut acquitté par un jugement du 11 juillet 1862, fondé en substance sur ce que les lois de la matière ne punissaient que le fait ou la tentative d'un fait susceptible de produire une impropriété au service soit permanente, soit temporaire, et que telle n'était pas la portée de la simple piqûre que le prévenu s'était fait faire par une abeille.

Sur l'appel du ministère public, ce jugement a été confirmé par arrêt de la Cour de Bordeaux, en date du 7 août 1862.

M. le procureur général de Bordeaux s'est pourvu contre cet arrêt, et la chambre criminelle de la Cour de cassation a rendu sur la question litigieuse, le 15 novembre suivant, un arrêt de partage.

L'affaire étant revenue à l'audience du 19 décembre où elle a été de nouveau rapportée et plaidée en présence des conseillers départiteurs, la Cour a, sur les conclusions conformes de M. le procureur général Dupin, rendu l'arrêt dont la teneur suit :

« La cour, etc.;

« Sur le moyen unique, puisé dans la violation des art. 270 de la loi du 9 juin 1857, et 2 du Code pénal ;

« Attendu qu'aux termes de l'art. 41 de la loi du 21 mars 1832, les jeunes gens appelés à faire partie du contingent de leur classe, qui sont prévenus de s'être rendus impropres au service militaire, soit temporairement, soit d'une manière permanente, dans le but de se soustraire aux obligations imposées par ladite loi, doivent être déférés aux tribunaux par le conseil de révision ;

« Que d'après l'art. 270 du Code de justice militaire du 9 juin 1857, les peines prononcées par les art. 41, 43 et 44 de la loi du 21 mars 1832 sont applicables aux tentatives des délits prévus par cet article ;

« Que du rapprochement de ces textes il ressort nécessairement que la tentative assimilée au délit par la loi de 1857 ne peut résulter que du fait d'avoir tenté de se rendre impropre au service militaire, soit temporairement, soit d'une manière permanente;

« Mais que les dispositions susvisées sont inapplicables à une simple simulation d'infirmité qui a pour but de tromper le conseil de révision par une apparente impropriété au service militaire;

« Que le fait ainsi caractérisé constitue, non pas la tentative prévue et punie par la loi, mais une supercherie qu'elle n'a pas entendu atteindre;

« Attendu qu'il est constaté par l'arrêt attaqué que le fait imputé au prévenu se réduit à une piqûre d'abeille, qu'il avait provoquée lui-même pour s'occasionner une enflure du bas de la jambe, qu'il présentait comme une vieille entorse; que le mal produit par cette manœuvre ne pouvait avoir une gravité suffisante pour rendre le prévenu, même durant peu de temps, impropre au service militaire; que l'avis des hommes de l'art ne laisse aucun doute à cet égard, et qu'enfin, dans de telles circonstances, la consommation du délit n'est pas possible;

« Qu'il résulte de ces constatations que le fait reproché à Auxire constituait une simulation d'infirmité, mais non la tentative spéciale prévue par l'art. 270 du Code de justice militaire, puisque le fait incriminé ne pouvait aboutir à une impropriété même temporaire du service militaire, condition essentielle de la tentative prévue par la loi;

« D'où il suit qu'en relaxant le prévenu des fins de

la poursuite, l'arrêt attaqué a fait une saine interprétation de l'art. 41 de la loi du 21 mars 1832, 270 du Code de justice militaire du 9 juin 1857 et 2 du Code pénal ;

« Par ces motifs, etc..., rejette le pourvoi (1). »

Il est évident que, bien qu'il se soit agi, dans l'espèce, d'une tentative de délit, le principe ne peut être autre lorsqu'il s'agit de la tentative des crimes les plus énormes.

Il ne suffirait pas, pour l'application de la peine, que la tentative fût déclarée constante ; il faut qu'il soit reconnu qu'elle réunit tous les caractères déterminés par l'art. 2. En conséquence, les diverses circonstances caractéristiques de la tentative doivent être exprimées tant dans l'arrêt de renvoi devant la Cour d'assises que dans l'acte d'accusation et dans la déclaration du jury. Il faut que le jury, juge des faits constitutifs du crime, et qui seul peut en reconnaître l'existence, soit, à peine de nullité de sa décision, interrogé sur chacun des caractères de la tentative, car autrement l'accusé pourrait être déclaré coupable d'une tentative, mais qui, ne réunissant pas les contions requises par la loi, ne serait, suivant les termes d'un arrêt, rien autre chose qu'une intention, un projet, dont la punition n'appartient pas à la justice des hommes (Cass. 30 juin 1810).

Avant la loi de 1832, la réponse du jury devait porter sur les trois circonstances exigées pour que la tentative fût punissable, les actes extérieurs, le com-

---

mencement d'exécution et les causes suspensives. Si l'une quelconque de ces circonstances était omise dans la question, la réponse du jury était incomplète et ne pouvait pas autoriser la condamnation.

La loi de 1832 a simplifié les caractères de la tentative, et aujourd'hui les seules questions à poser au jury sont celles de savoir si la tentative a été manifestée par un commencement d'exécution, et si elle n'a été suspendue ou n'a manqué son effet que par des circonstances indépendantes de la volonté de son auteur.

Nous pensons que ces expressions qui énoncent les deux circonstances élémentaires de la tentative punissable ne peuvent être remplacées par des expressions équipollentes, et que la tentative doit être qualifiée dans les termes mêmes de la loi. Comment autrement reconnaître que les expressions substituées à celles de la loi ont précisément la même valeur, et comment asseoir une peine sur une interprétation ?

En général, lorsqu'un accusé est renvoyé devant la Cour d'assises comme coupable d'un crime consommé, la question de la tentative peut être posée aux jurés, car la tentative d'un crime n'est qu'une modification du crime même, et l'accusation du crime consommé comprend nécessairement l'accusation de la tentative de ce crime (Cass. 14 mai 1813 et 23 septembre 1830). Toutefois, il ne doit en être ainsi qu'autant que le commencement d'exécution a eu lieu avec la volonté de perpétrer le crime ; la même solution ne devrait pas être donnée si l'accusé n'avait eu vue qu'un crime ou délit *sui generis*, autre que celui à raison duquel il est renvoyé devant la Cour d'assises.

Le doute pourra fréquemment existor, notamment dans les inculpations de tentative de meurtre. Il faudra alors nécessairement prouver qu'il y a eu de la part de l'accusé dessein de tuer, car il est difficile en fait de saisir la nuance qui distingue la tentative de meurtre, du crime ou délit des coups et blessures.

Ces nuances, si importantes et si difficiles à saisir dans la pratique, sont abandonnées à la conscience et au discernement du jury.

CHAPITRE III.

DISPOSITIONS EXCEPTIONNELLES.

Il nous reste à examiner brièvement plusieurs cas d'exception aux principes de l'art. 2.

Cet article ne reçoit pas son application :

En matière d'attentats et de complots dirigés contre l'empereur et sa famille (art. 89 et 90);

De crime de faux (art. 132 et suiv.);

De corruption de fonctionnaires (art. 170);

D'avortement (art. 317);

De faux témoignage et de subornation de témoins (art. 361 et 365);

PREMIÈRE EXCEPTION.

Attentats et complots dirigés contre l'empereur et sa famille.

A Rome, le crime de lèse-majesté était considéré comme un sacrilége. « *Proximum sacrilegio crimen est quod majestatis dicitur,* » nous dit Vulpien (1).

Ce crime comprenait non-seulement les attaques contre la personne du prince, mais encore toutes les actions, les écrits, les paroles, le silence et la pensée même.

Les peines étaient la mort et la confiscation, et les effets de la condamnation retombaient sur les enfants (2).

Les rigueurs de la loi romaine passèrent dans notre ancienne législation. Toute entreprise contre la personne du roi ou de ses enfants était un crime de lèse-majesté, la simple volonté révélée par un acte quelconque suffisait pour constituer le crime, la pensée même était punie de mort.

Le Code pénal de 1791 punit de la peine de mort tous les complots et attentats contre la personne du roi, du régent, ou de l'héritier présomptif au trône.

Le Code pénal de 1810 est plus rigoureux encore, il rétablit la qualification de crime de lèse-majesté, il assimile ce crime au parricide, et il ajoute à la peine de mort celle de la confiscation.

Art. 86. L'attentat ou le complot contre la vie

---

(1) L. 1, p., Dig. Ad leg. Jul. maj.
(2) L. 5, Cod., Ad leg. jul. maj.

ou contre la personne de l'empereur est crime de lèse-majesté. Ce crime est puni comme parricide, et emporte de plus la confiscation des biens.

Art. 88. Il y a attentat dès qu'un acte est commis ou commencé pour parvenir à l'exécution de ces crimes, quoiqu'ils n'aient pas été consommés.

Art. 89. Il y a complot dès que la résolution d'agir est concertée et arrêtée entre deux conspirateurs ou un plus grand nombre, quoiqu'il n'y ait pas eu d'attentat.

Aucune distinction entre le crime consommé, la tentative, les actes simplement préparatoires, et même la simple résolution d'agir concertée et arrêtée, tout est puni à l'égal du plus énorme des crimes, et si le législateur s'écartant en cela de la législation romaine et de notre ancienne jurisprudence, n'est pas descendu jusqu'à incriminer la simple pensée, et à la punir de mort, encore a-t-il réservé une peine à la simple proposition faite et non agréée de former un complot.

Art. 90. S'il n'y a pas eu de complot arrêté, mais une proposition faite et non agréée d'en former un pour arriver aux crimes mentionnés dans l'art. 86, celui qui aura fait une telle proposition sera puni de la réclusion. L'auteur de toute proposition non agréée tendant à l'un des crimes énoncés dans l'art. 87 sera puni du bannissement.

Le législateur de 1832 comprit tout ce qu'avait de contraire à nos mœurs, et d'opposé aux principes de la justice, cette pénalité excessive que nous avait léguée le despotisme de la Rome impériale. Il s'occupa d'y porter remède : les anciens articles furent abrogés, et remplacés par la loi nouvelle. L'expression de *lèse-majesté* disparut de nos Codes, les divers degrés de criminalité soigneusement distingués, et les peines graduées d'après la nature des actes qui se succèdent depuis la pensée première jusqu'à la consommation.

Précédemment déjà nous avons eu l'occasion de dire qu'à raison de la nature et de la gravité de ces actes, à raison des périls dont ils menacent la société et de l'impunité qui résulte le plus souvent de leur accomplissement, le législateur avait le devoir, afin de rendre plus difficile la perpétration du crime, de changer la base de ses incriminations, et de l'étendre jusqu'à certains actes que la loi pénale n'a pas en général le droit de frapper. Il nous reste à examiner dans quelle limite il a usé de ce droit.

En droit commun, le seul acte incriminé, indépendamment du crime consommé auquel il est assimilé, c'est celui qui commence l'exécution, c'est-à-dire la tentative.

La tentative se trouve ici, avec le crime consommé, sur le plus haut degré de l'échelle pénale ; elle constitue l'attentat.

Viennent ensuite les actes simplement préparatoires et la simple résolution d'agir, concertée et arrêtée entre deux ou plusieurs personnes, qui constituent le complot et y forment deux degrés distincts.

La simple proposition faite et non agréée de former un complot, atteinte seulement d'une peine correctionnelle.

Enfin la résolution formée par un individu seul de

commettre un des crimes prévus par l'art. 86 (attentat contre la vie ou contre la personne de l'empereur, contre la vie ou la personne des membres de la famille impériale), lorsque cette résolution aura été suivie d'un acte commis ou commencé pour en préparer l'exécution.

Ce sont donc les actes préparatoires, la simple résolution arrêtée et concertée entre plusieurs, et la résolution individuelle suivie du simple commencement d'un acte préparatoire qui sont punis en cette matière en dehors de la loi commune. De là à l'incrimination de la pensée, il n'y a qu'un pas, et il est vrai de dire que le bienfait, du reste immense de la loi de 1832, n'a consisté que dans l'atténuation et une distribution plus équitable des peines, puisqu'elle a conservé toutes les incriminations du Code de 1810.

§ 1. — *Proposition de former un complot.*

Lorsque l'agent a arrêté sa résolution, et que pour la mettre à exécution il cherche des adhérents et des complices, qu'il développe ses plans, ses moyens, ses espérances, et qu'il tente d'établir entre plusieurs personnes un accord et une entente de vues nécessaires pour en assurer l'exécution, la loi se saisit de ce premier acte; elle l'incrimine et le punit de peines correctionnelles.

Art. 89, § 4. S'il y a eu proposition faite et non agréée de former un complot pour arriver aux crimes mentionnés dans les art. 86 et 87, celui qui aura fait une telle proposition sera puni d'un emprisonnement d'un an à cinq ans. Le coupable pourra de plus être interdit en tout ou en partie des droits mentionnés en l'art. 42.

Mais il faut que la volonté de l'agent soit certaine, bien arrêtée, sûrement déterminée, qu'elle apparaisse clairement aux yeux du juge chargé d'appliquer la loi.

« Il faut, dit M. Carnot (1), que la proposition ait un objet déterminé, de sorte que ce serait vainement que l'on prétendrait la faire ressortir de propos vagues et insignifiants. Elle doit avoir été précise, formelle, directe, telle enfin qu'elle ne puisse présenter de doute à l'esprit sur sa nature et son objet. »

Le rôle de la justice, en cette matière, est particulièrement difficile et dangereux. Privée du secours des actes extérieurs pour remonter à la résolution criminelle, c'est habituellement à des moyens indirects et périlleux, à des inductions et des conjectures hasardées qu'elle sera forcée de recourir pour obtenir une connaissance presque toujours incertaine de la criminalité de l'accusé. Aussi M. Rossi n'admet-il aucunement cette incrimination.

« Quant à la simple proposition, dit ce savant publiciste, à la proposition non agréée, est-il nécessaire de démontrer que cet acte ne devrait jamais se trouver inscrit au catalogue des crimes ? De simples paroles, des paroles rapportées par ceux-là mêmes auxquels elles auraient été confiées si réellement elles eussent été dites, des paroles qu'il est si facile de mésentendre et de mal interpréter, de dénaturer à dessein ; enfin

(1) Comm. du Code pénal.

un acte qui de sa nature n'admet guère de témoignage impartial et digne de foi, comment oser le qualifier crime? Comment s'assurer que la proposition était sérieuse, qu'elle exprimait une résolution criminelle plutôt qu'un désir blâmable; qu'elle était l'expression d'un projet arrêté, plus encore que l'explosion d'un mouvement de colère, une boutade de l'animosité et de la haine? »

Sans doute il n'est pas impossible de parvenir dans certains cas à la preuve complète de la criminalité de l'agent, et les faits produits peuvent avoir été de telle nature qu'ils ne laissent dans l'esprit des juges aucun doute sur l'existence de la proposition, et la volonté de former un complot. Il sera possible que l'agent ait communiqué à plusieurs reprises et à différentes personnes ses projets, qu'il ait développé ses plans, que ses propositions aient été plusieurs fois répétées, qu'il existe même des traces matérielles qui en fassent connaître l'existence et le caractère.

Mais la loi, remarquons-le bien, n'a pas pris le soin de restreindre l'accusation dans ces bornes certaines et limitées, elle se sert d'une expression large, vague, mal définie et susceptible de recevoir toute l'extension qu'il plaira aux tribunaux de lui attribuer. Dans ces conditions, il est impossible de fixer d'une manière certaine la limite qui sépare de la simple proposition non agréée, laquelle tombe sous le coup de l'art. 89, de simples désirs, des espérances, des paroles vagues et légères, des menaces exprimées dans la discussion, qui ne seraient que l'expression d'une opinion, d'une pensée intime, et ne pourraient servir de base à la prévention.

La simple proposition n'est plus, il est vrai, rangée aujourd'hui dans la catégorie des crimes, mais les effets de la condamnation correctionnelle n'en sont pas moins désastreux puisqu'à l'expiration de sa peine le condamné tombe sous l'application des art. 5 et 6 de la loi du 27 février 1858, loi de sûreté générale.

Remarquons, au surplus, que la simple proposition non agréée de former un complot n'est pas pour l'État un péril sérieux, car on est encore bien loin des actes préparatoires, il n'y a même pas d'entente formée.

§ 2. *Du complot.*

Le complot est la résolution d'agir concertée et arrêtée entre plusieurs personnes (art. 89, § 3). Il n'y a pas encore tentative, il peut même n'y avoir aucun acte tendant à préparer l'exécution. Il existe par l'accord seul qui s'est établi entre deux ou plusieurs personnes. Il ne suffirait pas toutefois, pour fonder les bases d'une accusation, qu'il n'y eût encore qu'une résolution indécise, mal arrêtée, tendant vers un but vague et indéterminé. Le complot n'existe que dès qu'il y a résolution d'agir, c'est-à-dire une volonté positive, certaine. Il faut que cette résolution soit concertée et arrêtée entre plusieurs personnes, et qu'il y ait association entre elles pour parvenir à l'exécution du crime énoncé aux art. 86 et 87 ; il faut que cette association existe réellement, et qu'il n'y ait pas de doute sur son existence ; que tous les associés soient d'accord sur le but, les conditions, les moyens d'exécution ; que chacun sache le rôle qu'il aura à remplir ; qu'il y ait, en un mot, unité, car c'est le concert des conspirateurs, c'est leur accord, c'est l'association qui crée le péril. C'est là le crime que le législateur a voulu punir.

Ces conditions doivent être plus strictement exigées qu'en cette matière où la justice procède en dehors des moyens légaux ordinaires ; il lui est, à raison même de la nature des affaires qui lui sont soumises, particulièrement facile de s'égarer.

Ce mode de procéder s'est introduit à la faveur de raisons politiques :

« Dans les crimes contre la sûreté de l'État, disait le rapporteur de la loi du 28 avril 1832, une telle longanimité de la loi aurait d'immenses périls. Un crime privé ne met pas en danger la puissance qui doit le réprimer, l'État survit à la victime, le succès le plus complet ne donne au coupable aucune chance d'impunité. Le criminel d'État est dans une condition bien différente : son ennemi est aussi son juge ; la victoire lui donne le pouvoir, et lui rend les droits de l'innocence. Ici, la répression ne peut plus attendre la tentative, car une tentative heureuse rendrait la répression impossible, et l'existence seule du complot est un incalculable danger. C'est donc pour l'État un droit de légitime défense que d'incriminer et de punir le complot avant son entière exécution. »

Cependant cette incrimination peut n'être pas sans danger, car la loi n'ayant pas pris le soin de désigner spécialement les actes desquels pouvait ressortir la preuve du concert criminel supposé exister entre les conspirateurs, et en l'absence d'actes matériels qui servent à traduire la pensée, qui nous font connaître, apprécier et juger avec certitude l'intention criminelle, comment affirmer, au moins dans la plupart des cas, que le complot existe avec son existence légale, et que ce que l'on considère comme tel n'est pas plutôt une résolution chancelante, hésitante, mal arrêtée, traduite par des actes incertains et mal définis, tels que ceux de se voir, de se réunir, de se communiquer des désirs, des espérances, des pensées communes, communications faites sans but arrêté d'une action collective et uniquement déterminées par une conformité de sentiments et de vues politiques. Il n'y aurait point là, assurément, le complot défini par la loi, et de tels faits ne sauraient devenir l'objet d'une poursuite quelconque.

Telle est aussi sur ce point l'opinion de M. Rossi, que nous sommes heureux de pouvoir citer : « S'agit-il de désigner le complot seulement d'une manière générale, comme une résolution concertée entre deux personnes ou un plus grand nombre ? Mais alors, quoique le complot soit un fait moins fugitif et moins incertain que la simple proposition non agréée, quel vague dans la loi ? De faits aussi insignifiants par eux-mêmes que le sont les actes de se voir, de se réunir, de parler, de discuter, comment arriver au dessein criminel ? Si le complot n'a encore été suivi d'aucun acte préparatoire, sur quel fondement s'appuyer pour saisir la résolution de l'agent ? On n'aura, à peu près comme pour la proposition non agréée, que des paroles rapportées, commentées par des complices ou par des traîtres. Les dangers seront analogues, les erreurs presque aussi faciles.

« Il se peut, à la vérité, qu'il existe des écrits provenant des accusés, d'autres faits matériels ; d'autres circonstances peuvent aussi venir s'ajouter au fait du complot, et lui donner plus de consistance et une forme extérieure plus déterminée et plus sensible. Mais le législateur n'ayant pas exigé comme élément du délit ces circonstances et ces faits, la poursuite sera possible, sans qu'aucune de ces circonstances extérieures se vérifie, les dangers de l'accusation et du jugement sont loin de disparaître. »

La résolution arrêtée, indépendamment de tout acte préparatoire, forme le premier degré du complot. Elle est punie d'une peine temporaire, la détention (art. 89-2°). Cette pénalité, que nous devons à la loi de 1832, a singulièrement été aggravée par la loi de sûreté générale, qui embrasse dans la disposition de ses art. 5 et 6 les condamnations de cette nature.

Lorsque le complot a été suivi d'un acte commis ou simplement commencé pour en préparer l'exécution, il revêt un degré plus élevé de criminalité ; la peine, de temporaire qu'elle était, devient perpétuelle : c'est la déportation (art. 89-1°).

Ici nous sommes plus à l'aise, car bien que nous soyons encore en dehors des conditions ordinairement requises pour arriver à connaître la résolution criminelle, cependant nous ne sommes plus absolument sans guide comme dans les deux espèces précédentes. Bien que leur caractère soit incertain, mal défini, les actes préparatoires sont cependant des actes extérieurs qui offrent quelque prise à l'induction et qui peuvent, jusqu'à un certain point, nous faire connaître la nature et la gravité des actes vers lesquels s'acheminent les conjurés.

De plus le danger qui résulte de ces actes peut être quelquefois très-grand, et la société trouve à leur punition un intérêt sérieux.

Ce qui imprime au complot un caractère plus grave, ce n'est pas seulement l'acte préparatoire dont il est suivi, c'est même le seul commencement de cet acte, « Mais, dit avec raison M. Haus (1), comment pourra-t-on jamais acquérir la conviction qu'un acte qui n'a été que commencé l'a été pour préparer l'exécution du crime? Il faudrait donc prouver qu'un acte a été commencé, et que cet acte commencé avait pour but, non d'exécuter, mais de préparer un crime? Comment remonter à la résolution criminelle à l'aide de moyens aussi incertains? Sans doute le complot qui est prouvé peut jusqu'à un certain point servir à fixer le caractère des actes préparatoires qui l'ont suivi et qui ont été commis; mais si vous prétendez que cette circonstance est également propre à expliquer le but de ces actes lorsqu'il n'en existe encore qu'un commencement, vous pourrez par ce moyen incriminer tous les actes des conspirateurs, les actes les plus irréprochables, les plus innocents, en les considérant comme des actes commencés pour préparer l'exécution de leur projet. »

Nous ajouterons que le complot en lui-même et in-

---

(1) *Observations sur le projet du code pénal belge.*

dépendamment des actes préparatoires; étant déjà puni, il n'y avait aucun danger à attendre que l'acte préparatoire ait été commis pour s'en emparer et en faire une circonstance aggravante.

Les écrits et les discours ne peuvent jamais constituer cette circonstance aggravante. Il faut nécessairement l'acte préparatoire commis ou commencé. Mais là aussi s'arrête la dernière limite du complot, car si, perdant le caractère d'acte préparatoire, l'acte revêt celui d'un commencement d'exécution, il constitue la tentative, comprise sous le nom d'*attentat* avec le crime consommé.

Nous ne reviendrons pas sur le point délicat de savoir où s'arrêtent les actes préparatoires, où commencent les actes d'exécution. Rappelons seulement que les actes préparatoires sont ceux qui précèdent l'action, mais qui n'en sont pas une partie intrinsèque, et que les actes d'exécution sont ceux dont la série et l'ensemble constituent le crime même.

La loi du 24 mai 1834 sur les détentions d'armes et de munitions de guerre, est venue modifier les incriminations du Code. Les actes préparatoires ne pouvaient être punis qu'autant que leur connexité avec un complot préexistant était établie, quelque dangereux qu'ils puissent être par eux-mêmes. Or la preuve de complot étant souvent difficile à établir, il en résultait l'impunité. Le législateur de 1834 les a détachés du complot dont ils n'étaient qu'une circonstance aggravante, et les considérant en eux-mêmes, il les a incriminés comme délits *sui generis* et les a punis d'après leur valeur intrinsèque, abstraction faite de toute liaison avec un complot. « Ce sont là, dit le rapporteur de la loi, des actes dangereux et criminels qu'il est difficile d'assimiler complétement aux complots et attentats, et que la sûreté de l'État commande cependant de ne pas laisser impunis. Incriminer et punir à titre d'infraction à des lois de police et de sûreté les actes qui préparent l'insurrection, incriminer et punir à titre de crimes spéciaux les actes principaux insurrectionnels, telle est la pensée qui a présidé à la rédaction du projet de loi (1). »

Cette loi incrimine successivement et punit de peines correctionnelles, comme délits distincts *sui generis*, la fabrication, le débit, la distribution et la détention des armes prohibées (art. 1), des poudres (art. 2), des armes de guerre, des munitions et des cartouches (art. 8).

Rien ne s'oppose à ce que ces actes, poursuivis d'abord en vertu de l'art. 89 comme indices et circonstances aggravantes d'un complot, ne soient, à défaut de preuves établissant le concert criminel, incriminés à nouveau et punis, en vertu des art. 1, 2 et 3 de la loi précitée, comme infractions aux prohibitions de cette loi, et délits ayant une existence propre. Ces deux poursuites peuvent ainsi s'exercer successivement sur le même fait.

« Ces deux moyens, dit M. Rossi, ne sont pas incompatibles ; le même fait peut être poursuivi d'abord comme acte préparatoire, et dans le cas où la résolution criminelle ne serait pas reconnue, il peut être

____

(1) *Monit.* 1er mai 1834, suppl.

puni comme délit *sui generis*, comme violation d'une loi de police.

§ 3. *De la résolution individuelle d'agir.*

Un acte qui, par sa nature, diffère essentiellement du complot, la résolution individuelle d'agir, suivie d'un acte commis ou seulement commencé pour en préparer l'exécution, est incriminé par l'art. 90 et puni de la détention.

Nous n'avons pas besoin de faire remarquer sur quelle base fragile repose cette incrimination. C'est non-seulement sur l'acte préparatoire consommé, qui présente déjà en lui-même un caractère si incertain et si indéterminé; c'est sur le seul commencement de cet acte. C'est là la base unique de l'accusation, c'est de là qu'on prétend déduire la résolution criminelle, quand il est incontestablement vrai que cet acte ne peut manifester que d'une manière incomplète et vague l'intention de son auteur.

Faisons remarquer toutefois, pour diminuer autant que possible les dangers de cette incrimination, qu'il ne peut s'agir d'un acte commis ou commencé dans un mouvement instantané, sans préméditation. Il faut, la loi l'exige, qu'il soit constaté que l'agent avait arrêté la pensée d'agir, et que cet acte ait pour but de préparer un des crimes prévus par l'art. 86; il faut enfin qu'il s'agisse d'un fait matériel, d'un acte préparatoire. Tous autres actes qui ne présenteraient ce caractère, comme sont des écrits ou de simples paroles, ne justifieraient pas l'accusation.

§ 4. *Attentat.*

Le dernier acte en cette matière, celui qui revêt le plus haut degré de criminalité, est l'attentat. Ce qui constitue l'attentat, c'est l'exécution ou la tentative (art. 88). L'élément constitutif de ce crime est donc essentiellement un acte d'exécution. « La manifestation par des actes extérieurs d'une résolution criminelle, porte l'exposé des motifs de la loi de 1832, mais avant le commencement d'exécution, ne saurait être assimilée à l'attentat lui-même. » Le législateur de 1810 réputait attentat tout acte extérieur commis ou commencé pour parvenir à l'exécution. La loi de 1832, en ne réputant tel que la tentative et l'exécution, s'est, sur ce point, conformée aux principes consacrés dans l'art. 2 du Code pénal.

Qu'il nous soit permis de terminer cette matière par quelques réflexions empruntées à un savant magistrat de la Cour de cassation, M. le conseiller Faustin-Hélie : « C'est qu'en matière de crimes d'État, la justice doit interroger soigneusement et avec plus d'inquiétude peut être l'intention criminelle des délinquants. C'est qu'elle doit examiner s'ils n'ont pas été le jouet d'un mouvement passionné, d'une irritation passagère, d'un instant de délire ; car dans les crimes de cette nature, la poursuite est déjà une sauvegarde pour la société ; elle est rassurée dès que les coupables sont saisis, et l'on doit se souvenir alors que la peine n'est point une arme dans les mains des partis, elle n'est justifiée que par le crime et ne doit atteindre

que les criminels. » C'est aussi le principe que malgré
ses rigueurs et ses exagérations proclamait la loi romaine. « Hoc tamen crimen a judicibus non in occa-
sionem ob principalis majestatis venerationem haben-
dum est, sed in veritate. Nam et personam spectandam
esse, an potuerit facere, et an ante quid fecerit, et an
cogitaverit, et an sanæ mentis fuerit. Nec lubricum
linguæ ad pœnam facile trahendum est : quanquam
enim temerarii digni pœna sint, tamen ut insanis illis
parcendum est, si non tale sit delictum, quod vel ex
scriptura legis descendit, vel ad exemplum legis vendi-
candum est (1). »

2ᵉ Exception.

Crime de faux.

Il se rencontre dans les art. 132, 147 et 148 du
Code pénal en matière de faux une nouvelle exception qui n'est que l'application de cette règle déjà formulée, d'après laquelle le législateur a le droit dans
certains cas particuliers d'incriminer et de punir
comme tels les actes simplement préparatoires.

La fabrication d'une monnaie ou d'une pièce fausse
n'est pas par elle-même un crime, elle n'est même
pas le commencement d'exécution constituant la tentative du crime d'escroquerie qualifiée ou de tromperie que le faux a pour but d'accomplir. Ce n'est
encore là qu'un acte préparatoire. Mais cet acte,

____
(1) L. 7, Dig., Ad leg. jul. maj.

sans être avec la résolution criminelle dans un rapport aussi direct et aussi immédiat qu'un acte d'exécution, révèle d'une manière assez précise l'intention
criminelle de l'agent, il jette dans la société assez de
trouble et d'inquiétude pour que le législateur ait le
droit de l'incriminer en sa qualité d'acte préparatoire.

A Rome, le crime de fausse monnaie était rangé
parmi les crimes de lèse-majesté. La fabrication de la
monnaie était une offense à la personne du prince,
l'usurpation d'un droit impérial; la peine était celle
de mort (1).

Il en était ainsi dans notre ancienne législation
française. Le droit de battre monnaie était un droit
régalien, et son usurpation constituait le crime de lèse-
majesté.

L'Assemblée constituante rejeta justement cette
qualification. Le Code des 25 septembre 16 octobre
1791, tit. 2, sect. 6, art. 1, ne punit ce crime que de
la peine de quinze ans de fers.

L'art. 5 de la loi du 14 germinal an XI vint établir en cette matière la peine de mort. Cette disposition passa dans l'art. 132 du Code pénal « à cause de
la gravité de ce crime, et des alarmes qu'il répand
dans la société. »

Le législateur de 1832 abolit la peine de mort,
mais il punit ce crime des travaux forcés à perpétuité
en considération de ces motifs, « que le crime de
fausse monnaie est un de ceux qui créent le plus de
dangers et inspirent le plus d'alarmes. En ébranlant la

____

(1) L. 2, Cod., *De falsa moneta.*

confiance qui est due à la monnaie nationale, il fait disparaître toute sécurité des transactions de la vie civile. »

Le droit de battre monnaie n'est plus aujourd'hui un droit de souveraineté, mais un monopole exercé par l'État dans l'intérêt de la société. Il y a dans cet acte commis par un particulier une usurpation de pouvoir.

« Le crime d'émission de fausse monnaie, a dit le rapporteur de la loi de 1832, n'est qu'un vol accompagné de circonstances très-aggravantes. » En effet, le vol est le seul but, et la falsification de la monnaie n'est qu'un moyen pour y parvenir. La véritable exécution du crime ne commence qu'avec le débit de la fausse monnaie ; mais cette exécution est aussi facile et aussi rapide que la préparation en est longue et environnée de dangers ; le crime peut revêtir une gravité extraordinaire par l'alarme qu'il répand et le nombre de victimes qu'il peut atteindre ; enfin l'acte préparatoire, la fabrication de la monnaie, suppose une longue préméditation, une résolution fortement arrêtée, et il est difficile de l'expliquer autrement que par le désir et la volonté d'en faire l'instrument d'un gain illicite.

Tels sont les motifs qui ont déterminé le législateur à incriminer l'acte préparatoire, la falsification, indépendamment du commencement d'exécution.

Il ne peut pas entrer dans le cadre restreint que nous nous sommes tracé d'examiner les circonstances constitutives du crime de faux. Nous nous bornerons à faire remarquer que le législateur a puni de la même peine ceux qui ont contrefait ou altéré des monnaies et ceux qui ont participé à leur émission ou exposition, ou introduction sur le territoire français : la peine est celle des travaux forcés à perpétuité (art. 132). Or ces différents actes revêtent essentiellement des degrés bien différents de criminalité. Le crime, en effet, n'est réellement consommé que par l'émission. La fabrication ou l'altération de la monnaie, comme aussi l'introduction en France de celle qui a été ainsi contrefaite ou altérée, n'est qu'un acte préparatoire, et il est conforme aux principes, que l'acte préparatoire, lorsque la société a par extraordinaire le droit de le punir, ne doit pas être incriminé à l'égal du crime consommé. On ne peut alléguer contre l'accusé que la présomption d'une volonté criminelle, il est encore douteux si le faussaire aurait émis comme bonnes les pièces fausses dont il était détenteur; il pourrait jusqu'au dernier instant se désister, se repentir, et renoncer à consommer le crime dont il n'a fait c. :ore que préparer l'exécution. Sa criminalité très-inférieure à celle du coupable qui, par l'émission, a consommé le crime, ne devrait pas non plus attirer sur sa tête la même sévérité de la loi.

Ce n'est pas seulement la falsification et l'altération de la monnaie que la loi a incriminées en leur qualité d'actes préparatoires, mais aussi tous actes quelconques de contrefaçon.

Ainsi l'art. 139 punit des travaux forcés à perpétuité ceux qui ont contrefait les sceaux de l'État, ou fait usage du sceau contrefait, les effets émis par le Trésor public avec son timbre, et les billets des banques autorisées par la loi.

L'art. 140 punit du maximum des travaux forcés à temps la contrefaçon, falsification et l'usage des timbres nationaux, marteaux de l'État servant aux marques forestières, et des poinçons servant à marquer les matières d'or et d'argent.

Enfin l'art. 147 punit des travaux forcés à temps, indépendamment de l'usage, crime prévu par l'art. 148, les faux en écriture authentique et publique, ou en écriture de commerce ou de banque.

Nous appliquerons à ces dispositions de la loi les observations que nous venons de présenter à l'occasion du crime de fausse monnaie.

De ce que la fabrication des monnaies et pièces fausses, ou leur altération, revêt le caractère d'un crime principal, il résulte que la tentative de ce crime, lorsqu'elle réunit du reste les caractères exigés par l'art. 2, tombe sous l'application de cet article.

Cette doctrine a été consacrée en matière de tentative de faux en écriture authentique par un arrêt de la Cour de cassation, en date du 14 octobre 1854, par nous rapporté plus haut (page 123) et auquel il nous suffira de renvoyer.

3ᵉ EXCEPTION.

Corruption de fonctionnaires.

Cette exception se présente avec un caractère tout différent de celles que nous venons d'examiner. La tentative du crime de corruption de fonctionnaires revêt une criminalité plus ou moins grave, suivant qu'elle a été ou non suivie d'effet. L'art. 179 du Code pénal qui contient cette disposition est ainsi conçu : « Quiconque aura contraint ou tenté de contraindre, par voies de fait ou menaces, corrompu ou tenté de corrompre par promesses, offres, dons ou présents, un fonctionnaire, agent ou préposé de la qualité exprimée en l'art. 177 (tout fonctionnaire public de l'ordre administratif ou judiciaire, tout agent ou préposé d'une administration publique), pour obtenir soit une opinion favorable, soit des procès-verbaux, états, certificats ou estimations contraires à la vérité, soit des places, emplois, adjudications, entreprises ou autres bénéfices quelconques, soit enfin tout autre acte du ministère du fonctionnaire, agent ou préposé, sera puni des mêmes peines que le fonctionnaire, agent ou préposé corrompu.

« Toutefois si les tentatives de contrainte ou corruption n'ont eu aucun effet, les auteurs de ces tentatives seront simplement punis d'un emprisonnement de trois mois au moins et de six mois au plus, et d'une amende de 100 fr à 300 fr. »

Cette distinction existait déjà dans l'ancienne jurisprudence à qui elle a été empruntée. « Tentans corrumpere judicem, dit Farinacius, si judex corruptionem non acceptavit, adhuc videtur aliqua pœna puniendus. » Menochius veut que cette tentative ait été manifestée par un acte d'exécution, tel que l'offre d'une somme d'argent. « Quod ista tentatio debet esse ad aliquem actum proximum perducta, ut quia per tentantem non steterit quin corrumperet, veluti si pecuniam obtulit, et judex recusavit (1). »

<hr>

(1) Farin., quæst. 111, n° 103; Menoch. *De arbitraria quæst.*, lib. 2, casu 515.

Remarquons d'abord que les offres ou présents en eux-mêmes, isolés de toute proposition, ne peuvent assurément constituer ni crime ni délit. Ce qui fait la criminalité de l'acte, c'est la criminalité de la proposition elle-même ; il n'y a donc pas de fait punissable, si la proposition de l'agent n'a pour objet qu'un acte juste et légitime.

Cette interprétation est conforme au texte de l'article. Les actes qui y sont énumérés comme pouvant être le but de la corruption, ce sont des procès-verbaux, états, certificats ou estimations contraires à la vérité, d'où résulte nécessairement que les promesses, offres, dons ou présents, voies de fait ou menaces, qui auraient pour objet d'obtenir du fonctionnaire, agent ou préposé un acte juste ne seraient pas punissables. Il serait même difficile de supposer que le législateur ait voulu prévoir le cas où l'on serait obligé de recourir contre un fonctionnaire à des moyens de force, pour obtenir de lui un acte juste et légal. Les autres actes énumérés dans l'article, révèlent également une idée d'injustice chez le fonctionnaire qui se serait laissé entraîner à les commettre. En effet, l'auteur de la corruption ou de la tentative de ce crime a pour but d'obtenir une opinion favorable, des places, des emplois, des adjudications, c'est-à-dire qu'il propose d'acheter une opinion, un vote, une solution sur une question douteuse ; il cherche en un mot à obtenir un acte injuste. Il est vrai que les derniers mots de l'article, « tout autre acte du ministère du fonctionnaire, » sont très-généraux, mais il paraît évident qu'ils doivent réfléchir l'esprit de l'ar-

ticle, et qu'ils doivent être entendus comme s'il y
avait : tout autre acte de la même nature.

Mais dans ces circonstances, l'acte de corruption
est punissable. « La simple tentative, dit l'exposé des
motifs, si la corruption n'a pas été consommée, est
elle-même un véritable délit, elle est au moins une in-
jure faite à la justice, et la loi la punit de l'amende et
de l'emprisonnement. »

Le corrupteur, en effet, autant qu'il dépendait de lui,
a accompli la corruption, et il ne dépend plus que du
fonctionnaire à qui les offres sont faites que le crime
ne soit consommé. L'acte du tentateur est donc évidemment punissable. Mais le législateur en cette matière a fait entrer dans le calcul de la peine le résultat
obtenu, le mal produit. Il a pensé que de telles propositions repoussées par un fonctionnaire intègre, si
elles pouvaient jeter le trouble et l'alarme dans la société, fortifiaient en même temps le principe d'autorité, car l'État tire sa force morale de la dignité de ses
fonctionnaires et de la considération qui les entoure;
et à raison de l'atténuation du péril, il a prononcé une
atténuation de peine.

4e EXCEPTION.

Avortement.

L'art. 317 du Code pénal qui punit le crime d'avortement nous présente un nouveau cas exceptionnel.
En disposant que la peine de la reclusion sera prononcée contre la femme qui se sera procuré l'avortement

à elle-même, ou qui aura consenti à faire usage des moyens à elle indiqués ou administrés à cet effet, si l'avortement s'en est suivi; en créant ainsi l'impunité pour la tentative, il cesse de l'assimiler au crime consommé. Mais là ne se bornent pas les prévisions de cet article, il prévoit encore les cas où l'avortement a été procuré par une personne quelconque ou par les médecins, chirurgiens et autres officiers de santé, ainsi que par les pharmaciens.

La grande majorité des criminalistes a reconnu dans ces deux cas deux exceptions nouvelles aux principes consacrés par l'art. 2. La Cour de cassation, au contraire, persiste à n'y voir qu'une application de ces mêmes principes; elle juge en conséquence que la tentative d'avortement de la part de toute personne autre que la femme enceinte doit être punie comme le crime même.

Il importe avant tout de rapporter le texte de l'article dont l'interprétation a soulevé ces controverses.

Art. 317. Quiconque par aliments, breuvages, médicaments, violences, ou par tout autre moyen, aura procuré l'avortement d'une femme enceinte, soit qu'elle y ait consenti ou non, sera puni de la reclusion.

La même peine sera prononcée contre la femme qui se sera procuré l'avortement à elle-même, ou qui aura consenti à faire usage des moyens à elle indiqués ou administrés à cet effet, si l'avortement s'en est suivi.

Les médecins, chirurgiens et autres officiers de santé, ainsi que les pharmaciens, qui auront indiqué ou administré ces moyens, seront condamnés à la peine des travaux forcés à temps, dans le cas où l'avortement aurait eu lieu.

Cet article, ainsi qu'on le voit, prévoit quatre cas différents :

1er cas. —Avortement procuré par un tiers.

2e cas. —Avortement procuré par la femme elle-même.

3e cas. —Avortement procuré par la femme elle-même avec l'aide et l'assistance d'un tiers.

4e cas. —Avortement procuré par les médecins, chirurgiens, officiers de santé et pharmaciens.

Le législateur a-t-il voulu assimiler les unes aux autres ces différentes dispositions, et exempter dans tous les cas de la peine la tentative d'avortement, ou bien au contraire cette exemption n'a-t-elle été appliquée qu'au cas où la femme est l'objet des poursuites, et uniquement en sa faveur? C'est cette dernière opinion que la Cour de cassation a adoptée : « Attendu que la disposition de l'art. 2 du Code pénal, conçue en termes généraux, ne peut être restreinte que dans les cas et pour les crimes à l'égard desquels la loi a exclu son application ; qu'il n'y a pas dans le Code de disposition qui porte expressément que la tentative du crime d'avortement ne sera point considérée et punie comme si le crime avait été consommé ; que relativement aux dispositions de ce Code qui pourraient affranchir la tentative de ce crime des dispositions de l'art. 2, parce qu'elles seraient inconciliables avec cette application, l'art. 317, qui a prévu et puni le crime d'avortement, doit être entendu et exécuté dans le sens qui résulte clairement de son texte; que cet article se compose de trois dispositions distinctes et indépendantes les unes des autres; que la première punit de la reclusion quiconque aura procuré par quelque moyen que ce soit l'avortement d'une femme enceinte, qu'elle y ait consenti ou non; que dans cette disposition aucune expression n'exclut implicitement l'application de l'art. 2; que la deuxième est relative à la femme qui se procure à elle-même l'avortement ou qui consent à faire usage des moyens à elle indiqués ou administrés à cet effet; qu'à son égard, pour qu'il y ait lieu à l'application de la peine de la reclusion, il faut que l'avortement ait été effectué; que cette disposition laxative modifie évidemment la loi générale en faveur de la femme enceinte qui tente de commettre sur elle-même le crime d'avortement, et lui rend applicable l'art. 2; que le législateur a eu des motifs graves pour traiter avec indulgence les personnes du sexe enceintes lorsque le crime n'a pas été consommé; que la troisième disposition a pour objet les pharmaciens et les officiers de santé qui font usage de leur art pour procurer des avortements; que si les moyens par eux indiqués ou employés ont été sans effets, la loi n'aggrave pas pour eux la peine, ils restent dans la classe commune de ceux qui tentent de procurer des avortements, et comme eux ils ne sont punis que de la reclusion, d'après la première disposition de l'art. 317, combinée avec l'art. 2 du Code pénal; que si au contraire, par l'effet des moyens par eux indiqués ou administrés, l'avortement a été opéré, le législateur déploie contre eux une plus grande sévérité et les punit de la peine plus rigoureuse des travaux forcés à temps. (Cass. 16 octobre 1817, 15 avril 1830).

Ce système ne nous semble pas conforme au sens littéral de l'art. 317 ; il contredit la lettre même de la loi. En effet, la première disposition de l'article atteint et punit de la reclusion quiconque, par un des moyens qui y sont spécifiés, aura *procuré* l'avortement. Cette expression suppose nécessairement que l'avortement a été consommé, que les violences ou les médicaments ont précisément donné les résultats qu'en attendait le coupable. Cette interprétation, conforme du reste à la valeur grammaticale de l'expression employée par le législateur, acquiert un nouveau degré de puissance si nous rapprochons cette première disposition de la deuxième qui punit la femme coupable sur elle-même du crime d'avortement. Deux cas y sont prévus : celui où la femme a exercé seule les pratiques coupables destinées à obtenir son avortement, et le cas où elle a eu recours à un complice qui lui aura indiqué ou administré les moyens à cet effet. Or il est admis par la Cour de cassation elle-même que la femme, dans aucun de ces cas, n'encourt jamais la peine prononcée contre elle, que si l'avortement a été le résultat des manœuvres employées, et cette décision est forcée puisque la criminalité de la femme est évidemment la même dans les deux cas.

Or si, dans la deuxième espèce, quand il arrive que la femme emploie l'aide et l'assistance d'un complice, le législateur a dit formellement que la femme ne serait punie de la reclusion que si l'avortement a été la suite des moyens à elle indiqués ou administrés ; dans la première, celle où la femme n'a pas eu recours à une assistance étrangère, il n'a employé pour exprimer la même idée que le mot *procuré*; on ne peut douter que ce mot n'ait précisément le même sens dans le premier paragraphe de l'article. Et si la femme qui s'est procuré à elle-même l'avortement ne peut être punie que si l'avortement a réellement été produit, si la simple tentative, et même le crime manqué, ne sont pas punissables, il faut bien admettre qu'il en doit être de même lorsque, non plus la femme, mais un tiers est accusé. Ou à l'inverse, si l'expression *procurer l'avortement* n'exclut pas la tentative dans le premier paragraphe, elle ne l'exclut pas davantage dans le deuxième, et il faudra dire alors que la tentative d'avortement sera imputable à la femme qui a procédé seule et sans complice, et qu'elle ne le sera pas au contraire à celle qui a invoqué l'aide et la lumière d'un tiers pour accomplir plus sûrement ses criminels projets, comme il faudra aussi admettre alors que le complice sera puni pendant que la femme sera à l'abri des poursuites.

Vainement on veut étendre au cas où la femme a agi seule, l'exemption formellement accordée dans le cas suivant, et prétendre que les expressions dont s'est servi le législateur dans chacun des deux paragraphes n'ont pas la même valeur comme n'étant pas identiques. Il est évident, en effet, que ces mots *si l'avortement s'en est suivi* ne s'appliquent qu'à la deuxième espèce, au cas où la femme enceinte a consenti à faire usage des moyens à elle indiqués ou administrés par un tiers; que quant à la première espèce, le membre de phrase qui la contient est complet par lui-même indépendamment de toute expression subséquente, et que le législateur, en disant que la peine sera prononcée contre la femme qui se sera procuré l'avortement à elle même, a sans aucun doute prévu le cas où l'avortement a eu lieu.

Cette interprétation acquiert une plus grande autorité encore si nous la rapprochons de la disposition contenue dans le troisième paragraphe de l'article, et si nous comparons ensemble les deux espèces.

Dans le troisième paragraphe, le législateur punit des travaux forcés à temps les médecins, chirurgiens et autres officiers de santé, ainsi que les pharmaciens qui auront indiqué ou administré les moyens, dans le cas où l'avortement aurait eu lieu. La tentative d'avortement et l'avortement qui n'a pas été produit, bien que la tentative soit achevée, le crime manqué, ne sont pas punis. Or, s'il en est ainsi à l'égard des hommes de l'art pour qui la peine se trouve aggravée à raison du caractère que leur impriment leurs fonctions et de la facilité qu'ils peuvent y puiser pour accomplir leur crime, comment comprendre que la loi se soit montrée plus sévère à l'égard de personnes qui n'ont aucun de ces caractères aggravants.

Cette conséquence était trop exorbitante pour que la Cour de cassation ait pu la consacrer ; aussi a-t-elle déclaré, pour rester fidèle à son système, que le médecin, dont la peine est aggravée si l'avortement a eu lieu, reste, s'il n'y a eu qu'une simple tentative ou un crime manqué, soumis aux dispositions du paragraphe premier, pour être assimilé à un simple particulier ; de telle sorte que la qualité d'homme de l'art, qui est une cause d'aggavation lorsque le crime est consommé, cesse d'être telle lorsqu'il ne s'agit que d'une simple tentative. Ainsi, pour ne pas vouloir admettre une dérogation consacrée par le Code, la Cour de cassation est forcée d'en créer une qui ne s'y trouve nulle part formulée, puisque la conséquence de son système est que la tentative est punie chez les médecins d'une peine moins forte que le crime consommé. Une autre conséquence, c'est que la tentative et l'exécution du crime qui seraient inégalement punies lorsque le coupable serait un homme de l'art, entraîneraient cependant pour toute autre personne la même pénalité. Il est difficile, dit Legraverend (1), d'accumuler plus de subtilités et de contradictions pour arriver à une décision contraire au texte. Cette opinion est aussi celle de MM. Carnot, Bourguignon et Faustin Hélie.

Nous concluons en disant qu'en cette matière le législateur n'a incriminé ni la simple tentative d'avortement, ni le crime consommé lorsqu'il a manqué son effet, et que l'avortement n'est puni que quand il a réellement été produit. Jusque-là, en effet, les preuves sont trop vagues, trop indécises pour qu'on puisse, en s'appuyant sur elles, exercer une poursuite de laquelle dépend l'honneur d'une famille. Comment apprécier la tentative ou le crime consommé, mais resté sans résultat ? Comment décider si les substances administrées, les violences exercées, étaient de nature à procurer l'avortement, si elles ont été prises, ou ont

(1) *Législation criminelle*, tit. I, p. 141.

eu lieu dans cette intention, si la volonté coupable a existé, si la tentative a été interrompue volontairement, ou seulement contre la volonté de l'accusé? Comment autoriser de telles poursuites ?

Le législateur a pensé que ce n'était que lorsqu'il existait un fait matériel saisissable, lorsque le crime avait été consommé, qu'il était permis à la justice d'intervenir, et qu'alors seulement il était temps de commencer une poursuite toujours incertaine et pleine de dangers.

C'est là ce qui résulte des paroles de l'orateur du Corps législatif qui explique en ces termes l'esprit de l'article : « Il est un attentat des plus graves, et pour lequel les rédacteurs de la loi n'ont pas cru devoir punir la seule tentative de le commettre : c'est l'avortement volontaire. Ce crime porte souvent sur des craintes ; et, quand il n'est pas consommé, outre que la société n'éprouve aucun tort, c'est qu'il est fort difficile de constater légalement une intention presque toujours incertaine, une tentative trop souvent équivoque, surtout dans la supposition de l'impuissance de la cause et de la nullité de ses résultats. Tout doute cesse si l'avortement a eu lieu ; dès lors, le fait conduit à la culpabilité de ses auteurs; de quelque manière qu'ils l'aient favorisé ils sont punis, ainsi que la mère qui aura employé ou permis qu'on employât des moyens pour arriver à ce but. » M. Berlier a dit aussi : « Si le législateur doit désirer que les mœurs s'épurent, il doit craindre aussi de donner ouverture à des procédures indiscrètes, qui amèneraient souvent pour tout résultat beaucoup de scandale. Comment, en effet, pénétrer dans une matière aussi mystérieuse, et comment croire que l'on voudra s'y engager quand le crime n'aura pas été suivi de son effet? C'est bien assez qu'on poursuive les auteurs d'un avortement consommé, et la nature des choses prescrit de s'en tenir là. »

Ces explications si nettement formulées nous paraissent ne laisser aucun doute sur les intentions du législateur; elles justifient complétement la doctrine que nous avons défendue.

5ᵉ EXCEPTION.

Faux témoignage et subornation de témoins.

Cette exception a été introduite par les art. 361 et 365 du Code pénal, desquels il ressort que la tentative de faux témoignage, et comme conséquence la tentative de subornation de témoins, ne sont pas punissables.

Art. 361. Quiconque sera coupable de faux témoignage en matière criminelle, soit contre l'accusé, soit en sa faveur, sera puni de la peine des travaux forcés à temps.

Cette disposition exceptionnelle tient à la nature complexe des faits qui constituent le crime. Les différentes parties d'une déposition forment, en effet, un tout indivisible. Jusqu'à la clôture des débats, c'est-à-dire avant qu'elle ait porté à l'accusé ou à la société le dommage, le préjudice irréparable qui en est une des circonstances constitutives, le faux témoin peut se rétracter, modifier sa déclaration, en détruire volontairement l'effet ; de là résulte que la déposition n'est complète, irrévocable, que le crime n'existe qu'autant que les débats sont clos, ou que, avant la clôture, le témoin se trouve dans l'impossibilité de revenir sur sa fausse déclaration. Jusque-là, la déposition n'est pas définitivement acquise.

De ce principe il résulte, comme conséquence nécessaire, que la tentative de faux témoignage n'est pas punissable. On ne peut voir, en effet, dans une déposition commencée un commencement de ce crime, puisque le témoin peut à chaque instant revenir sur cette partie, l'expliquer, la modifier; que son caractère reste indéterminé, et que la fausseté n'en peut être suffisamment appréciée tant que le témoin conserve la possibilité de se rétracter. Si, au contraire, cette possibilité n'existe plus et que la fausseté de la déclaration ainsi commencée soit démontrée, comme il arriva à ce faux témoin saisi de défaillance au cours de sa déposition, il est plus vrai de dire que le crime est consommé. Ainsi le faux témoignage ne peut être incriminé que quand il est entier et consommé, et la simple tentative de ce crime se trouve, par une dérogation à la règle générale, à l'abri de toute poursuite particulière.

La même règle s'applique à la subornation de témoins. « Le coupable de subornation de témoins, dit l'art. 305, sera passible des mêmes peines que le faux témoin. » En effet, la subornation n'est qu'un acte de provocation à commettre le crime de faux témoignage, elle en constitue un acte de complicité. Le principal auteur est le faux témoin, le suborneur est son complice. « Sunt socii criminis et perjurii, » nous dit Julius Clarus. Cette doctrine a souvent été consacrée par la jurisprudence, et de nombreux arrêts ont déclaré « que la subornation de témoins n'est qu'un mode de complicité du faux témoignage. » (Cass. 11 oct. 1830, 20 avril 1851, etc.)

Il est bon de remarquer qu'il s'agit ici d'une complicité spéciale dont la loi n'a pas déterminé avec précision tous les actes constitutifs; elle comprend les modes énoncés dans l'art. 60, mais elle n'y est pas restreinte, et elle peut résulter d'autres faits qui, en général, ne seraient pas suffisants pour l'établir (Cass. 10 juill. 1857).

La conséquence du principe que la subornation n'est qu'un acte de complicité, c'est que cet acte considéré isolément ne constitue pas un crime, et qu'il n'est punissable qu'autant qu'il se rattache à un faux témoignage réellement commis. Il faut que le fait matériel de ce crime soit constaté par la déclaration du jury, avec toutes les circonstances qui lui impriment un caractère criminel. « La provocation au faux témoignage, dit le rapporteur au Corps législatif, ne peut être confondue avec la tentative de ce crime. Celle-ci est toujours personnelle au témoin, et quand ce dernier est innocent, le suborneur n'est coupable que d'un projet criminel, sans commencement d'exécution condamné par sa conscience, il ne saurait l'être par des tribunaux. »

Ainsi, on ne peut ni poursuivre ni punir la tentative de subornation, puisque ce crime, même quand il est consommé, n'est punissable qu'autant que le faux témoignage qui en est l'objet a été réalisé.

CHAPITRE IV.

TENTATIVE DE DÉLITS.

Le Code de 1791 ni la loi de prairial an IV n'avaient incriminé la tentative de délit ; ce fut la loi du 25 frimaire an VIII qui assimila, dans une certaine mesure, la tentative des délits à celle des crimes. Cette loi, en ce qui nous concerne, est ainsi conçue :

« Art. 17. La loi du 22 prairial an IV, contre les tentatives du crime, est applicable à tous les délits susénoncés (diverses espèces de vol), ainsi qu'à ceux mentionnés dans l'art. 32 du Code de police correctionnelle ; en conséquence, toute tentative desdits délits, manifestée par des actes extérieurs et suivie d'un commencement d'exécution, sera punie comme le délit même, si elle n'a été suspendue que par des circonstances fortuites, indépendantes de la volonté du prévenu. »

La loi du 25 frimaire an VIII venait de retrancher du Code plusieurs délits qui y étaient caractérisés crimes, et punis d'une peine afflictive et infamante, pour les ranger dans la classe des simples délits correctionnels ; elle voulait cependant maintenir à leur égard la criminalité de la tentative et sa pénalité.

C'est ce qu'elle déclare dans la première partie de notre art. 17.

L'art. 3 du Code pénal, qui n'est qu'un abrégé de ces dispositions, est ainsi conçu : « Art. 3. Les tentatives de délits ne sont considérées comme délits que dans les cas déterminés par une disposition spéciale de la loi. »

Napoléon ayant demandé aux rédacteurs du projet de Code les motifs de cette restriction, qui a été écartée de l'art. 2, M. Berlier répondit « qu'il n'y a nulle parité entre la tentative d'un crime et celle d'un délit, ni surtout dans les actes qui caractérisent le commencement d'exécution en des espèces si différentes. Ainsi un homme est saisi crochetant la serrure d'une porte; son but ultérieur est bien connu par ce seul fait ; mais s'il s'agit d'une rixe, punira-t-on celui qui aura levé la main, et dont les tiers ont arrêté les coups, comme celui qui aura frappé ? La société n'a pas le même intérêt de réprimer, et il ne faut pas étendre indiscrètement les peines. »

M. Treilhard ajoute dans l'exposé des motifs : « Cette disposition ne peut pas être si généralement adoptée pour les délits, parce que les caractères n'en sont pas aussi marqués que les caractères des crimes; leur exécution peut très-bien avoir été préparée et commencée par des circonstances et des démarches qui, en elles-mêmes, n'ont rien de répréhensible, et dont l'objet n'est bien connu que lorsque le délit est consommé; il a donc été sage de déclarer que les tentatives du délit ne seraient considérées et punies comme le délit même que dans les cas particuliers déterminés par une disposition spéciale de la loi. ·

Nous ne pouvons que féliciter le législateur de l'esprit d'équité dont il s'est montré animé dans cette circonstance. Assurément la criminalité de la tentative de certains délits est si faible qu'il eût été trop dur de la punir, surtout étant admis le principe que la peine doit être égale à celle du délit consommé. De plus, ainsi que le fait remarquer M. Treilhard, il eût été trop difficile, dans la plupart des cas, de déterminer le caractère de ces actes et l'intention délictueuse de l'agent; mais ces considérations si vraies ne servent qu'à montrer une fois de plus la différence qui existe entre la criminalité de la tentative et celle du délit consommé, et ce point étant reconnu, le législateur aurait dû, au cas où la tentative de délit devait être incriminée, ne la frapper que d'une peine inférieure à celle du délit consommé.

La tentative de délit, pour être punissable, doit réunir tous les caractères constitutifs exigés par l'art. 2, c'est-à-dire avoir été manifestée par un commencement d'exécution, et n'avoir été interrompue que par des circonstances indépendantes de la volonté de son auteur. Toutefois, cette doctrine n'a pas reçu l'assentiment de la Cour de cassation : elle a décidé qu'on ne peut invoquer les règles générales du Code pénal sur les circonstances constitutives de la tentative de crime, dans les cas particuliers où la tentative du délit est assimilée au délit même; que c'est là un fait spécial que le législateur n'a point assujetti, dans l'art. 3 du Code pénal, aux règles posées dans l'art. 2 du même Code ; que la disposition de l'art. 2 n'est relative qu'aux tentatives de crimes, et que les tentatives de délits sont régies par des dispositions spéciales, ainsi que le porte l'art. 3 du même Code (Cass. 26 sept. 1828, 28 fév. 1851).

Cette doctrine est évidemment mal fondée ; les art. 2 et 3 ont la même origine, et le législateur, dans le dernier, n'a eu d'autre objet que de restreindre à certains délits la règle que l'art. 2 a étendue à toutes les tentatives de crime. En dehors de cette restriction motivée par le législateur, la règle reste la même pour le délit que pour le crime ; en effet, « il serait absurde, dit M. Carnot, d'imaginer que la tentative d'un crime pourrait être plus favorisée que la tentative des simples délits. » (*Comm. du C. pén.*, t. 1.)

Remarquons au surplus que la loi du 25 frimaire an VIII, qui a donné naissance à notre art. 3, exigeait formellement l'exécution de ces conditions, à l'exemple de la loi de prairial an IV ; que rien dans la discussion n'autorise à penser que le législateur ait voulu déroger dans l'art. 3 aux dispositions de ce texte ; et si les conditions de sa criminalité n'ont pas été répétées dans cet article, c'est qu'elles étaient suffisamment indiquées dans l'art. 2, dont l'art. 3, aux yeux du législateur n'est qu'un cas particulier d'application plus restreinte. Le principe se trouve formulé dans l'art. 2. C'est à lui que nous pensons que l'on doit se référer.

Nous pensons aussi que le jugement correctionnel qui déclare le prévenu coupable de la tentative de délit, doit s'expliquer formellement sur les circonstances constitutives. Bien que ces tribunaux soient juges du fait et du droit, on ne saurait regarder comme suffisante la déclaration que le prévenu est reconnu coupable de la tentative de délit. Il faut nécessairement que le jugement contienne et fasse connaître les circonstances constitutives du fait que réprime la loi, il faut qu'il en constate l'existence ; or ces circonstances sont : que la tentative ait reçu un commencement d'exécution, et qu'elle n'ait été interrompue ou n'ait manqué son effet que par des circonstances indépendantes de la volonté de son auteur.

SECTION UNIQUE.

Cas d'application de l'art. 3.

La tentative des délits suivants est assimilée au délit lui-même, et punie des mêmes peines :

Évasion de détenus (art. 241 et 245 C. pén.) ;

Vols, larcins, filouteries, détournement d'objets saisis (art. 338, 400 et 401 C. pén.) ;

Escroquerie (art. 405). Il s'est élevé à l'occasion de ce délit une intéressante question : convient-il, à raison de la nature indéterminée, vague et incertaine des faits qui le composent, d'incriminer la simple tentative ? M. Rossi (1) se prononce énergiquement pour la négative. « D'autres faits, dit-il, échappent à la justice sociale ; pour nous, la difficulté d'en faire ressortir le caractère criminel est constante : par exemple,

(1) *Traité du droit pénal.*

les tentatives d'escroquerie. Il est déjà si difficile, dans un grand nombre de cas, de distinguer l'escroquerie de cette adresse, de cette ruse, qui fort blâmable en elle-même, ne donne pas lieu cependant à une poursuite criminelle! Appeler les hommes à prononcer sur de simples tentatives d'escroquerie, ce serait faire de la justice humaine un jeu, une arène de métaphysique. »

La tentative d'escroquerie n'était pas punie par la loi des 19-22 juillet 1791, relative à l'organisation d'une police municipale et correctionnelle (tit. 2). L'art. 35 qui réprimait les délits de cette nature, était ainsi conçu.

Art. 35. Ceux qui par dol, ou à l'aide de faux noms ou de fausses entreprises, ou d'un crédit imaginaire, ou d'espérances et de craintes chimériques, auraient abusé de la crédulité de quelques personnes et escroqué la totalité ou partie de leurs fortunes, seront, etc.

L'art. 17 de la loi du 25 frimaire an VIII, qui étendit aux tentatives de vols simples, larcins et filouteries, les dispositions de la loi du 22 prairial an IV sur les tentatives de crime, ne mentionne pas la tentative du délit d'escroquerie, et M. le président Barris expliquait en ces termes les motifs de cette omission :

« Les vols, les larcins, les filouteries se réduisent toujours à des faits simples, matériels, faciles à saisir, et dans lesquels, par conséquent, la tentative se manifeste aussi d'une manière très-simple et très-facile à déterminer dans la moralité comme dans l'acte. L'escroquerie, au contraire, est un délit dont le caractère est en quelque sorte dans le vague, qui se compose de faits indéterminés et dont la moralité ne s'apprécie jamais sans difficulté. C'est un délit de ruse et de fourberie, il est subtil, il échappe à l'œil, et le plus souvent ce n'est que par la consommation qu'il peut être déterminé. Le législateur a donc bien pu n'infliger de peine qu'à cette consommation (1).

Le législateur de 1810 a puni la tentative d'escroquerie de la même peine que le délit lui-même, mais toutefois, en faisant de cet acte l'objet d'une incrimination particulière, il s'est restreint au cas où les manœuvres ont déjà opéré la délivrance des fonds ; en cet état, la tentative ne diffère du délit consommé qu'en ce que les valeurs déjà délivrées à l'agent n'ont pu être détournées par lui, et que, par suite, le préjudice n'a pas été causé. L'incrimination repose ainsi sur un fait déterminé qui peut facilement être apprécié ; et cette sage restriction a écarté les inconvénients qui pouvaient facilement résulter en cette matière d'une incrimination vague et indéterminée, basée sur des manœuvres isolées du fait matériel, et dont il est si difficile de faire ressortir et de prouver le caractère criminel. L'article qui contient ces dispositions est ainsi conçu :

Art. 405. Quiconque, soit en faisant usage de faux noms ou de fausses qualités, soit en employant des manœuvres frauduleuses pour persuader l'existence de fausses entreprises, d'un pouvoir ou d'un crédit imaginaire, ou faire naître l'espérance ou la crainte d'un succès, d'un accident ou de tout autre événement

---

(1) Rép. de jur., V° Escroquerie.

chimérique, se sera fait remettre ou délivrer des fonds, des meubles ou des obligations, dispositions, billets, promesses, quittances ou décharges et aura, par ces moyens, escroqué ou tenté d'escroquer la totalité ou partie de la fortune d'autrui, sera puni d'un emprisonnement d'un an au moins et de cinq ans au plus, et d'une amende de 50 fr. au moins et de 3,000 fr. au plus.

Le coupable pourra être en outre, à compter du jour où il aura subi sa peine, interdit pendant cinq ans au moins et dix ans au plus, des droits mentionnés en l'art. 42 du présent Code, le tout sauf les peines plus graves s'il y a crime de faux.

Mais un des derniers actes de notre Assemblée législative a été de modifier profondément en notre matière le caractère de la tentative. La tentative punissable existe aujourd'hui par le seul fait des manœuvres frauduleuses et indépendamment de la remise des valeurs que ces manœuvres ont dû déterminer. « Quiconque, dit le nouvel art. 405, soit en faisant usage de faux noms ou de fausses qualités, etc., se sera fait remettre ou délivrer *ou aura tenté de se faire remettre ou délivrer* des fonds, des meubles ou des obligations, dispositions, promesses, billets, quittances ou décharges et aura par un de ces moyens escroqué ou tenté d'escroquer la totalité ou partie de la fortune d'autrui, sera puni, etc. » (Séance du 14 avril 1863, *Moniteur.*)

Le souvenir des discussions savantes que cette nouvelle disposition a provoquées est encore trop présent à tous les esprits pour que nous puissions avoir la pensée d'en reproduire ici l'analyse. Au surplus, nous

avons ailleurs indiqué le danger que présentent ces incriminations vagues mal définies et susceptibles de se
plier aux interprétations les plus diverses. Elles ouvrent la porte à l'arbitraire; c'est aux tribunaux dés-
ormais à se contenir dans de sages limites, et par leur
prudence et leur modération à suppléer à l'existence
d'une règle fixe et positive, qu'il est toujours si dési-
rable de rencontrer, particulièrement dans la législation pénale.

Coalitions formées soit entre les maîtres, soit entre
les ouvriers (art. 414 C. pén.).

Les expressions que le législateur a employées pour
incriminer la tentative de ce délit ont donné lieu à
une difficulté assez sérieuse. L'art. 414 punit d'un
emprisonnement de six jours à trois mois et d'une
amende de 16 fr. à 10,000 fr. : 1° toute coalition entre
ceux qui font travailler des ouvriers, tendant à forcer
l'abaissement des salaires, *s'il y a eu tentative ou com-*
mencement d'exécution ;

2° Toute coalition de la part des ouvriers pour faire
cesser en même temps de travailler, interdire le travail dans un atelier, empêcher de s'y rendre avant ou
après certaines heures, et en général pour suspendre,
empêcher, interdire les travaux, *s'il y a eu tentative ou*
commencement d'exécution.

Il est difficile d'expliquer cette disposition, car le
commencement d'exécution est un des éléments de la
tentative, il est compris implicitement dans cette expression, et nous ne pouvons pas adopter l'opinion de

M. Carnot, qui pense qu'il s'agit ici d'une tentative particulière, autre que la tentative légale, et qui se manifeste autrement que par un commencement d'exécution (Carnot, *Comment. du C. pén.*, t. 2). Rien ne fait supposer qu'en cette matière le législateur ait voulu s'écarter des principes ordinaires. Nous ne voyons là qu'une rédaction défectueuse, et nous pensons que ces expressions ont été employées pour désigner une seule et même chose, la tentative légale, uniquement parce qu'on s'est attaché à reproduire les termes de l'art. 2.

Tromperie sur la nature de la chose vendue
(loi du 27 mars 1851, art. 1).

Recrutement. — La loi du 21 mars 1832 ne contient aucune disposition relative à la tentative des délits qu'elle punit, mais elle a été modifiée sur ce point par le Code de justice militaire du 9 juin 1857, art. 202, qui déclare applicables, devant les tribunaux militaires, les dispositions des art. 2 et 3 du Code pénal ordinaire, et art. 270, qui vise spécialement les art. 41, 43 et 44 de cette loi.

CHAPITRE V.

COMPLICITÉ.

Il résulte de la combinaison des art. 2 et 3 avec les art. 59 et 60 du Code pénal, que les complices de la tentative sont punis de la même peine que les auteurs eux-mêmes. Dès que la tentative a revêtu les caractères qui la rendent punissable, la peine qui lui est appliquée atteint également ceux qui ont aidé ou assisté les auteurs de l'action dans les faits qui l'auront préparée ou facilitée, ou dans ceux qui l'auront consommée. Ainsi, et quelle que soit la participation donnée aux actes simplement préparatoires, et même en dehors de tout acte d'exécution, la complicité revêt un caractère suffisant de criminalité pour devenir l'objet des incriminations de la loi pénale.

La condition du complice est intimement liée à celle de l'auteur principal, et, par conséquent, si la tentative n'est pas accompagnée des circonstances qui la rendent punissable, le complice non plus ne peut pas être puni. C'est ainsi que l'homme qui en a chargé un autre de commettre un crime, qui a manifesté cette volonté par des actes extérieurs, et qui n'a rien fait pour en empêcher l'exécution, quelque coupable que soit sa conduite aux yeux de la loi morale, ne tombe cependant pas sous l'atteinte de la loi pénale si ses intentions n'ont pas été remplies parce que le mandataire aura refusé d'agir. Il n'y a encore là, en effet, qu'un projet qui n'a pas reçu de commencement d'exécution, et que la loi pénale ne saurait atteindre. *Mandans aliquod delictum non videtur puniendus, si illud non sequatur.*

CHAPITRE VI.

TENTATIVE DE CONTRAVENTIONS.

Les tentatives de contraventions, en l'absence d'un texte qui les incrimine, restent en dehors de la loi pénale. La contravention, en effet, revêt un caractère de criminalité si faible, que la société n'aurait aucun intérêt à la répression de la tentative; en outre, il serait difficile, dans la plupart des cas, d'établir la preuve de son existence.

POSITIONS.

DROIT ROMAIN.

I. Dans le premier état du droit romain, lorsque la *justa causa* était une donation, la bonne foi était requise pendant tout le cours de la possession, soit pour l'usucapion, soit pour l'action publicienne (L. 13, § 1, *De public. in rem action.*).

II. En introduisant l'action de *ligno juncto*, le texte de la loi des Douze Tables ne faisait pas de distinction entre le *lignum furtivum* et le *lignum non furtivum.* — Nec obstat L. 1er, Dig. *De ligno juncto.*

III. Lorsqu'un débiteur a payé entre les mains d'un mandataire révoqué, ignorant la révocation, et que le mandataire a reçu des espèces dans l'intention de se les approprier, le débiteur est libéré *exceptionis ope*, d'après Africain (L. 38, § 1, Dig., *De solut.*), et *ipso jure*, d'après Ulpien (L. 18, Dig., *De solut.*).

IV. Les lois 21, § 1, *De donat.* (39. 5) et 5, § 5, *De doli mali et met. except.* (44. 4), semblent contredire le principe que la loi Cincia était une *lex imperfecta*, mais ces deux textes ont été interpolés par les compilateurs.

V. Un père pouvait revendiquer ses enfants *adjecta causa*, en ce sens que dans la formule il devait expressément indiquer le rapport de puissance (L. 1, § 2, Dig., *De rei vindic.*).

VI. Lorsqu'un débiteur a violé une obligation contractuelle par un *damnum injuria datum*, l'exercice de l'action *rei persecutoria* résultant du contrat, laisse subsister l'action *legis Aquilliæ* pour ce que celle-ci contient de plus.—Nec obstant leges 27, § 11, Dig., *Ad leg. Aquill.*; 13, *De rei vindic.*; 86, § 2, *De hæred. petit.*; 18, *Ad leg. Aquill.*; 50, *Pro socio*; 43, *Locati*; 18, § 1, *Commod.*

VII. Les actions pénales ne sont point transmises contre les héritiers, à moins qu'il n'y ait eu *litis contestatio* entre la victime du délit et le délinquant. — Nec obstat L. 33, Dig., *De O et A.*

VIII. Lorsque la chose vendue purement et simplement venait à périr par cas fortuit, dans l'intervalle de la vente à la tradition, la perte était supportée par l'acheteur. Ce principe n'avait néanmoins triomphé dans la législation romaine qu'après controverse (L. 33, Dig., *Locati*).

DROIT FRANÇAIS.

I. L'enfant né trois cents jours après la dissolution du mariage ne peut point être déclaré légitime par les tribunaux.

II. Les servitudes continues et apparentes ne peuvent pas s'établir par la prescription de dix ou de vingt ans.

III. Le donateur n'a pas d'action personnelle contre le donataire pour le contraindre à l'exécution des charges.

IV. La prescription de dix ans ne s'applique pas aux nullités relatives, quand on les fait valoir par voie d'exception.

V. Les tribunaux français ont le droit de reviser au fond les jugements rendus par les tribunaux étrangers dans le cas déterminé par l'art. 121 de l'ordonnance de 1620.

VI. La prohibition établie par l'art. 1543 relativement à la constitution et à l'augmentation de la dot pendant le mariage s'adresse aux tiers.

VII. Les architectes, entrepreneurs, maçons et autres ouvriers qui veulent conserver leur privilége, doivent faire transcrire le premier procès-verbal d'estimation avant le commencement des travaux.

VIII. Le dernier acquéreur est obligé de faire transcrire les contrats de tous les vendeurs, aux créanciers hypothécaires desquels il veut enlever le droit de s'inscrire.

DROIT PÉNAL.

I. Les circonstances qui sont de nature à influer sur la qualification légale du fait à punir étendent leur effet au complice, lors même qu'elles résultent de qualités personnelles à l'auteur principal.

II. L'action civile qui a sa source immédiate dans

le crime, le délit ou la contravention, se prescrit par le même laps de temps que l'action publique.

III. Le duel est un fait spécial, en dehors des incriminations du Code pénal.

IV. L'interdiction légale ne résulte pas des condamnations par contumace.

DROIT DES GENS.

Les questions d'extradition sont des questions d'État à État, et malgré l'existence d'un traité, l'État à qui l'extradition est réclamée a toujours le droit d'examiner l'opportunité de cette demande.

HISTOIRE DU DROIT.

Les lois barbares étaient personnelles : c'était la naissance qui déterminait la loi de l'individu.

Vu : Le doyen de la Faculté.

C. A. PELLAT.

Le Président de la thèse,

A. VALETTE.

Permis d'imprimer
Le Vice-Recteur,

A. MOURIER.

Paris. — Imprimé par E. Thunot et Cⁱᵉ, 26, rue Racine.